미래와 통하는 책

동양북스 외국어 베스트 도서
700만 독자의 선택!

새로운 도서,
다양한 자료
동양북스
홈페이지에서
만나보세요!

www.dongyangbooks.com
m.dongyangbooks.com

※ 학습자료 및 MP3 제공 여부는 도서마다 상이하므로 확인 후 이용 바랍니다.

홈페이지 도서 자료실에서 학습자료 및 MP3 무료 다운로드

PC

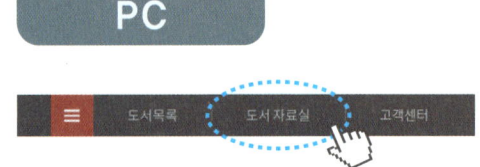

❶ 홈페이지 접속 후 도서 자료실 클릭
❷ 하단 검색 창에 검색어 입력
❸ MP3, 정답과 해설, 부가자료 등 첨부파일 다운로드
* 원하는 자료가 없는 경우 '요청하기' 클릭!

MOBILE

* 반드시 '인터넷, Safari, Chrome' App을 이용하여 홈페이지에 접속해주세요. (네이버, 다음 App 이용 시 첨부파일의 확장자명이 변경되어 저장되는 오류가 발생할 수 있습니다.)

❶ 홈페이지 접속 후 ≡ 터치

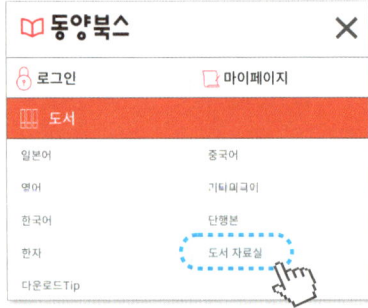

❷ 도서 자료실 터치

❸ 하단 검색창에 검색어 입력
❹ MP3, 정답과 해설, 부가자료 등 첨부파일 다운로드
* 압축 해제 방법은 '다운로드 Tip' 참고

일본어능력시험

일단 합격
JLPT
N3 문법

김은영, 와카바야시 와타루 저
JLPT 교재개발연구회 감수

동양북스

일본어능력시험

일단 합격
JLPT N3 문법

초판 5쇄 | 2025년 4월 5일

저　자 | 김은영, 와카바야시 와타루
감　수 | JLPT 교재개발연구회
발행인 | 김태웅
책임 편집 | 길혜진, 이서인
디자인 | 남은혜, 김지혜
마케팅 총괄 | 김철영
온라인 마케팅 | 신아연
제　작 | 현대순

발행처 | (주)동양북스
등　록 | 제 2014-000055호
주　소 | 서울시 마포구 동교로22길 14 (04030)
구입 문의 | 전화 (02)337-1737　팩스 (02)334-6624
내용 문의 | 전화 (02)337-1762　dymg98@naver.com

ISBN 979-11-5768-533-2 18730
　　　979-11-5768-525-7 (세트)

ⓒ 2019, 김은영, 와카바야시 와타루

▶ 본 책은 저작권법에 의해 보호를 받는 저작물이므로 무단 전재와 복제를 금합니다.
▶ 잘못된 책은 구입처에서 교환해드립니다.
▶ (주)동양북스에서는 소중한 원고, 새로운 기획을 기다리고 있습니다.
　http://www.dongyangbooks.com

머리말

　　JLPT N3레벨은 학습자가 중급 이상의 수준으로 도약하기 위한 토대가 되는 중요한 단계입니다. 따라서 기본적인 문형을 정확하게 이해하고 기초 실력을 점검하여 다음 단계 도약을 위한 응용 능력을 기르는 것이 필요합니다.

　　최근 출제 경향은 암기 위주의 단편적인 문법 문제 보다는 전체적인 문장의 이해도를 묻거나 기초적인 부분들의 정확한 이해를 바탕으로 하는 응용 문제들이 주로 출제되고 있습니다.

　　이 책은 그러한 점을 충분히 고려하여

　　1) 개정 후의 시험을 분석하여 실제 시험에 자주 출제되는 문형을 수록하였습니다.

　　2) 기초적인 부분의 복습이 필요한 학습자들을 위해 기초 필수 문형도 함께 다루었습니다.

　　3) 문법, 독해, 청해, 어휘의 각 영역별 능력이 균형 있게 향상될 수 있도록 실제 생활에 자주 사용되는 문형과 예문 위주로 수록하였습니다.

　　이 책이 여러분의 학습에 많은 도움이 되어 N3 뿐 아니라 더 나아가 N2, N1까지 이루고자 하는 목표를 꼭 이루시길 바랍니다.

　　外国語を勉強する際、皆さんはどのように勉強をしているだろうか。まず文字を覚える。次に語彙力を増やす。そして文法を学び文章の組み立てができるようにする。しかしそれだけでは外国人と心と心の会話はできない。相手の文化を知ってはじめて、相手の立場に立って外国語で会話ができるようになるのだ。

　　N３の勉強をしている皆さんはそのことに少しずつ気づき始めたのではないだろうか。韓国語で文章を作り、それを日本語に翻訳し、口から発する。確かに意思疎通はできるだろうが、ぎこちない日本語の文章構成になっていることが多い。日本というのはどういう国か。どういう文化や習慣を持つ国かが、理解できれば、日本語の文章や表現の特徴が摑めてくる。

　　逆に言えば、語学を勉強するということは、相手の国のことについて知る良い機会となる。本やテレビだけでなく、インターネットなど、色々な媒体を通して、相手の国を知ることができる時代だ。今この本を手にしている皆さんは、N３合格に向けて猛勉強中なので、そんな余裕はないのかもしれないが、様々な資料を通して、日本という国について考えてみよう。そうすれば、もっと日本とも、そして日本語とも親しくなれるであろう。

　　皆さんの健闘を祈る。

2019년 9월　김은영, 와카바야시 와타루

이 책의 구성과 활용법

이 책은 JLPT(일본어능력시험) N3 문법에 대비할 수 있도록 구성된 수험서입니다. 2010년 개정 이후 출제된 문형들을 학습하고 확실하게 복습할 수 있도록 짜여 있습니다. 이 책은 크게 네 개 파트로 이루어집니다. 처음 JLPT 문법 학습을 준비하는 학습자들을 위해 ❶ 유형을 분석하고, ❷ 기출 문법을 살펴본 후 ❸ 본격적인 문법 학습으로 나아갑니다. 문법 학습을 마친 뒤에는 ❹ 실전 형식의 모의고사를 통해 마무리 실력 점검을 할 수 있습니다.

▶ PART 1 유형 공략
시험 유형과 꿀팁을 한눈에!

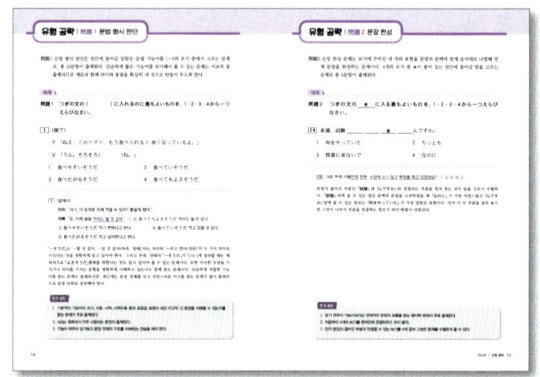

〈PART 1 유형 공략〉에서는 본격적인 학습에 앞서 시험에 출제되는 각 문제 유형을 제시하여 처음 JLPT를 접하는 학습자도 유형에 쉽게 적응할 수 있습니다. 또한 '합격 꿀팁'을 통해 고득점을 위한 비법도 확인할 수 있습니다.

▶ PART 2 기출 공략
지피지기면 백전백승, 기출 문법 정복하기

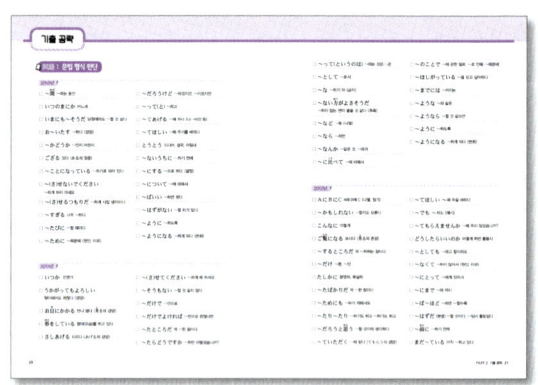

〈PART 2 기출 공략〉에서는 2010년부터 지금까지의 기출 문법을 살펴봅니다. 정답으로 제시되었던 문형뿐만 아니라 기출 문장 속에 포함되었던 중요 표현을 함께 수록하여 더욱 꼼꼼하게 기출 문법을 학습할 수 있습니다.

▶ PART 3 합격 공략
N3 문법 만점을 위한 실력 다지기

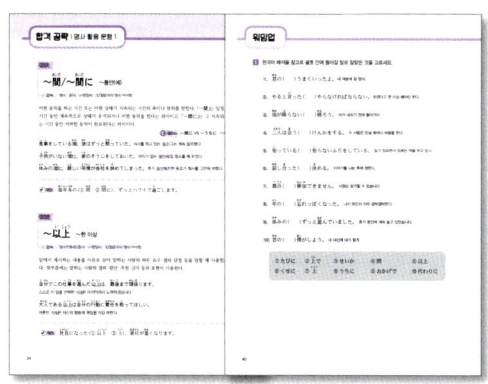
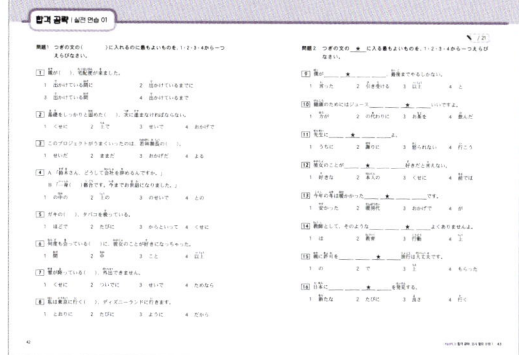

〈PART 3 합격 공략〉에서는 N3 합격을 위한 필수 문형을 이해하고, 확실히 복습할 수 있도록 하였습니다. 각 문형들을 접속 유형별로 분류하여 본인이 취약한 부분부터 선택적으로 학습할 수 있으며 각 문형마다 바로바로 체크 문제를 풀어 볼 수 있습니다.

문형 학습을 마친 후에는 워밍업 문제를 통해서 앞에서 배운 문형을 복습합니다. 복습이 끝나면 실제 시험과 동일한 유형의 문제를 풀어 보면서 문법 실력을 탄탄하게 다져 보세요.

▶ PART 4 실전 공략
문법 모의고사 3회분으로 마무리 점검

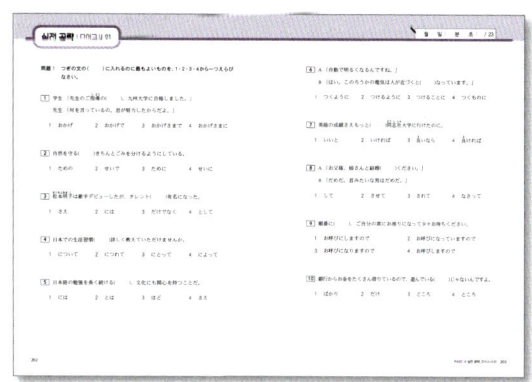

〈PART 4 실전 공략〉에서는 문법 문제로 구성된 모의고사 3회분을 풀이합니다. 실제로 시험을 보는 것처럼 시간을 정해 두고 문제를 풀이하세요. 문제를 다 푸는 데 걸린 시간과 정답의 개수를 기록하면서 시험을 보기 전 마지막으로 실력을 점검합니다.

JLPT(일본어능력시험)란?

❶ JLPT에 대해서

JLPT(Japanese-Language Proficiency Test)는 일본어를 모국어로 하지 않는 사람의 일본어 능력을 측정하고 인정하는 시험으로, 국제교류기금과 재단법인 일본국제교육지원협회가 주최하고 있습니다. 1984년부터 실시되고 있으며 다양화된 수험자와 수험 목적의 변화에 발맞춰 2010년부터 새로워진 일본어 능력시험이 연 2회(7월, 12월) 실시되고 있습니다.

❷ JLPT 레벨과 인정 기준

레벨	과목별 시간		인정 기준
	유형별	시간	
N1	언어지식(문자·어휘·문법) 독해	110분	**기존시험 1급보다 다소 높은 레벨까지 측정** [읽기] 논리적으로 약간 복잡하고 추상도가 높은 문장 등을 읽고, 문장의 구성과 내용을 이해할 수 있으며 다양한 화제의 글을 읽고, 이야기의 흐름이나 상세한 표현의도를 이해할 수 있다. [듣기] 자연스러운 속도의 체계적 내용의 회화나 뉴스, 강의를 듣고, 내용의 흐름 및 등장인물의 관계나 내용의 논리구성 등을 상세히 이해하거나, 요지를 파악할 수 있다.
	청해	60분	
	계	170분	
N2	언어지식(문자·어휘·문법) 독해	105분	**기존시험의 2급과 거의 같은 레벨** [읽기] 신문이나 잡지의 기사나 해설, 평이한 평론 등, 논지가 명쾌한 문장을 읽고 문장의 내용을 이해할 수 있으며, 일반적인 화제에 관한 글을 읽고, 이야기의 흐름이나 표현의도를 이해할 수 있다. [듣기] 자연스러운 속도의 체계적 내용의 회화나 뉴스를 듣고, 내용의 흐름 및 등장인물의 관계를 이해하거나, 요지를 파악할 수 있다.
	청해	50분	
	계	155분	
N3	언어지식(문자·어휘)	105분	**기존시험의 2급과 3급 사이에 해당하는 레벨(신설)** [읽기] 일상적인 화제에 구체적인 내용을 나타내는 문장을 읽고 이해할 수 있으며, 신문의 기사 제목 등에서 정보의 개요를 파악할 수 있다. 일상적인 장면에서 난이도가 약간 높은 문장을 바꿔 제시하며 요지를 이해할 수 있다. [듣기] 자연스러운 속도의 체계적 내용의 회화를 듣고, 이야기의 구체적인 내용을 등장인물의 관계 등과 함께 거의 이해할 수 있다.
	언어지식(문법)·독해		
	청해	40분	
	계	145분	
N4	언어지식(문자·어휘)	95분	**기존시험 3급과 거의 같은 레벨** [읽기] 기본적인 어휘나 한자로 쓰여진, 일상생활에서 흔하게 일어나는 화제의 문장을 읽고 이해할 수 있다. [듣기] 일상적인 장면에서 다소 느린 속도의 회화라면 거의 내용을 이해할 수 있다.
	언어지식(문법)·독해		
	청해	35분	
	계	130분	
N5	언어지식(문자·어휘)	80분	**기존시험 4급과 거의 같은 레벨** [읽기] 히라가나나 가타카나, 일상생활에서 사용되는 기본적인 한자로 쓰여진 정형화된 어구나 문장을 읽고 이해할 수 있다. [듣기] 일상생활에서 자주 접하는 장면에서 느리고 짧은 회화로부터 필요한 정보를 얻어낼 수 있다.
	언어지식(문법)·독해		
	청해	30분	
	계	110분	

❸ 시험 결과의 표시

레벨	득점 구분	인정 기준
N1	언어지식(문자 · 어휘 · 문법)	0~60
	독해	0~60
	청해	0~60
	종합득점	0~180
N2	언어지식(문자 · 어휘 · 문법)	0~60
	독해	0~60
	청해	0~60
	종합득점	0~180
N3	언어지식(문자 · 어휘 · 문법)	0~60
	독해	0~60
	청해	0~60
	종합득점	0~180
N4	언어지식(문자 · 어휘 · 문법) · 독해	0~120
	청해	0~60
	종합득점	0~180
N5	언어지식(문자 · 어휘 · 문법) · 독해	0~120
	청해	0~60
	종합득점	0~180

❹ 시험 결과 통지의 예

다음 예와 같이 ① '득점구분별 득점'과 득점구분별 득점을 합계한 ② '종합득점', 앞으로의 일본어 학습을 위한 ③ '참고정보'를 통지합니다. ③ '참고정보'는 합격/불합격 판정 대상이 아닙니다.

※예 N3을 수험한 Y씨의 '합격/불합격 통지서'의 일부 성적 정보(실제 서식은 변경될 수 있습니다.)

① 득점 구분별 득점			② 종합 득점
언어지식 (문자 · 어휘 · 문법)	독해	청해	
50/60	30/60	40/60	120/180

③ 참고 정보	
문자 · 어휘	문법
A	C

A 매우 잘했음 (정답률 67% 이상)
B 잘했음 (정답률 34%이상 67% 미만)
C 그다지 잘하지 못했음 (정답률 34% 미만)

차례

머리말	03
이 책의 구성과 활용법	04
JLPT(일본어능력시험)란?	06
차례	08
본 책의 문법 용어	10

PART 1 유형 공략

問題 1 문법 형식 판단	14
問題 2 문장 완성	15
問題 3 문맥 이해	16

PART 2 기출 공략

問題 1 문법 형식 판단	20
問題 2 문장 완성	25
問題 3 문맥 이해	28

PART 3 합격 공략

01 명사 활용 문형 1	34
02 명사 활용 문형 2	46
03 동사 활용 문형 1	58
04 동사 활용 문형 2	72
05 조사 활용 문형	86

06 기타 문형 1	100
07 기타 문형 2	114
08 こと・もの 활용 문형	128
09 ところ・はず・わけ 활용 문형	142
10 가정·조건 표현	154
11 추측·수동/사역·사역수동 표현	168
12 경어 표현	182

PART 4 실전 공략

모의고사 01	202
모의고사 02	208
모의고사 03	214

▶ 부록 ◀

N3 최다 빈출 문형	222
기초 필수 문형(N4)	226
조사, 부사, 접속사 정리	232
색인	245
정답 확인	249
해답 용지	253

*이 책에 나온 문제의 정답과 해석은 표지의 QR코드를 스캔하거나 동양북스 홈페이지 (www.dongyangbooks.com) 도서 자료실에 접속하면 확인할 수 있습니다.

본 책의 문법 용어

※본 책에서 쓰이고 있는 문법 용어는 다음과 같습니다. 문법의 접속 형태 또는 각 품사의 기본 활용형을 확인하고 싶을 때 아래를 참고하세요.

● 보통형

	명사	な형용사	い형용사	동사
현재	人だ/人である	ひまだ/ひまである	おいしい	休む
부정	人じゃない	ひまじゃない	おいしくない	休まない
과거	人だった	ひまだった	おいしかった	休んだ
과거 부정	人じゃなかった	ひまじゃなかった	おいしくなかった	休まなかった
진행 / 상태 지속				休んでいる 休んでいた 休んでいない 休んでいなかった
가능				休める

● 명사 수식형

	명사	な형용사	い형용사	동사
현재	人の/人である	ひまな/ひまである	おいしい	休む
부정	人じゃない	ひまじゃない	おいしくない	休まない
과거	人だった	ひまだった	おいしかった	休んだ
과거 부정	人じゃなかった	ひまじゃなかった	おいしくなかった	休まなかった
진행 / 상태 지속				休んでいる 休んでいた 休んでいない 休んでいなかった
가능				休める

●동사의 ます형 / て형 / た형 / ない형

기본형	ます형	て형	た형	ない형
会う	会います	会って	会った	会わない
起きる	起きます	起きて	起きた	起きない
する	します	して	した	しない
来る	きます	きて	きた	こない

●주요 활용형 정리

	가능형	ば형(가정형)	의지, 권유형	명령형
동사	行ける 食べられる できる 来られる	行けば 食べれば すれば 来れば	行こう 食べよう しよう 来よう	行け 食べろ しろ 来い
い형용사		おいしければ おいしくなければ		
な형용사		ひまなら(ば) ひまじゃなければ		
명사		人なら(ば) 人じゃなければ		

	수동형	사역형	사역수동형
동사	行かれる 食べられる される 来られる	行かせる 食べさせる させる 来させる	行かせられる/行かされる 食べさせられる させられる 来させられる
い형용사			
な형용사			
명사			

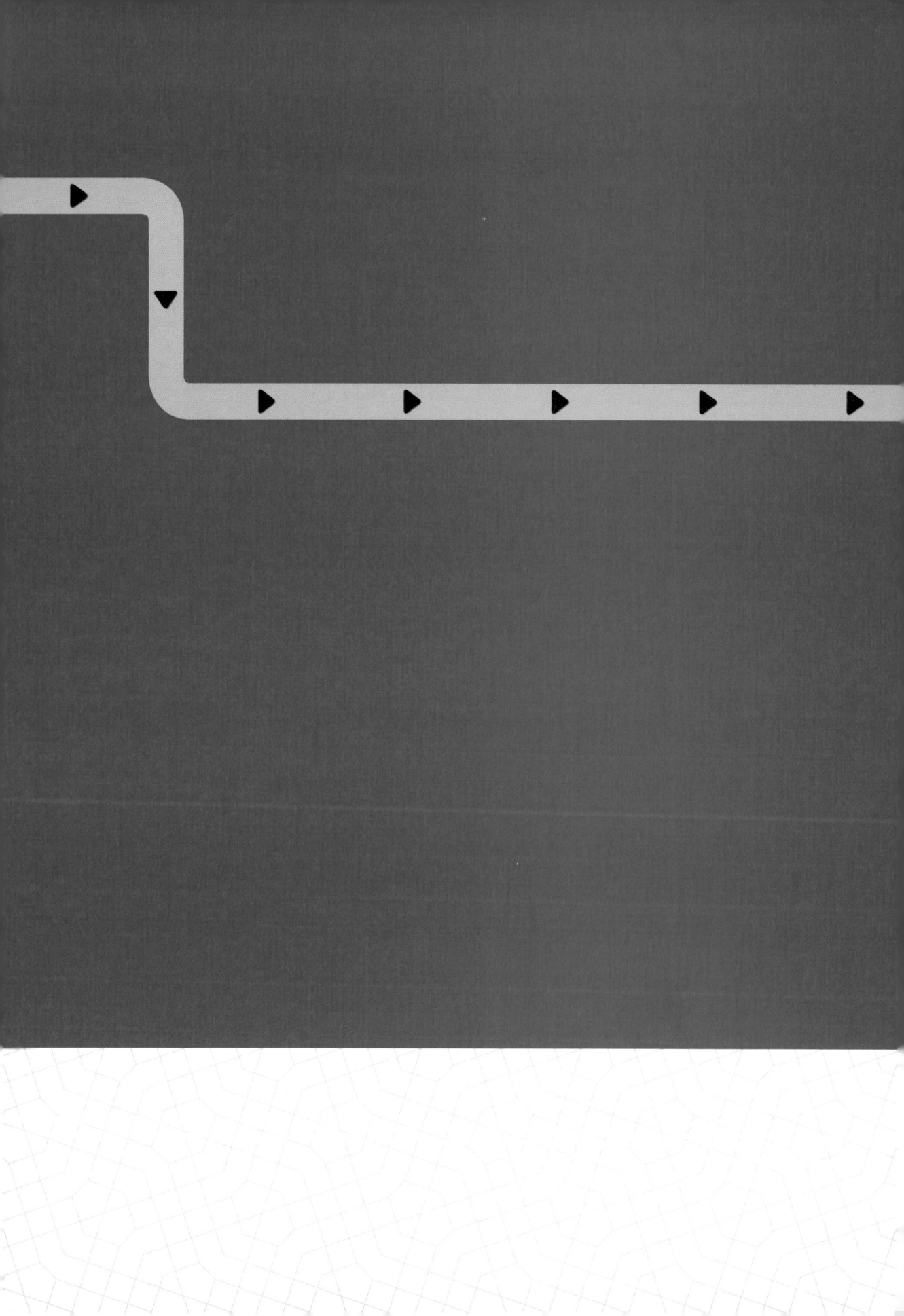

유형 공략

問題 1 문법 형식 판단	14
問題 2 문장 완성	15
問題 3 문맥 이해	16

〈PART1 유형 공략〉에서는 각 문제 유형의 대략적인 개요를 살펴봅니다. 본격적인 문법 학습에 앞서 문제 유형의 기본적인 정보를 확인합니다. 각각의 문제에 대해 간단하게 정리해 두었으니 가볍게 읽으며 워밍업을 합니다.

유형 공략 | 問題 1 문법 형식 판단

問題1 문법 형식 판단은 빈칸에 들어갈 알맞은 문법 기능어를 1~4의 보기 중에서 고르는 문제로, 총 13문항이 출제된다. 단순하게 짧은 기능어를 암기해서 풀 수 있는 문제는 비교적 덜 출제되므로 예문과 함께 의미와 용법을 확실히 내 것으로 만들어 두도록 한다.

예제

問題1 つぎの文の(　　　)に入れるのに最もよいものを、1・2・3・4から一つえらびなさい。

1 (畑で)

　子「ねえ、このトマト、もう食べられる？赤くなっているよ。」

　父「うん。そろそろ(　　　)ね。」

1　食べやすいそうだ　　　　2　食べていそうだ

3　食べたがるそうだ　　　　4　食べてもよさそうだ

---

1 (밭에서)

　아이 "저기, 이 토마토 이제 먹을 수 있어? 빨갛게 됐어."

　아빠 "응, 이제 슬슬 먹어도 될 것 같아." | ④ 食べてもよさそうだ 먹어도 될 것 같다

　① 食べやすいそうだ 먹기 편하다고 한다　　　② 食べていそうだ 먹고 있을 것 같다

　③ 食べたがるそうだ 먹고 싶어한다고 한다

「〜そうだ」는 '〜할 것 같다, 〜일 것 같다(추측, 양태)'라는 의미와 '〜라고 한다(전문)'의 두 가지 의미로 쓰인다는 것을 정확하게 알고 있어야 한다. 그리고 추측, 양태의 「〜そうだ」가 「いい」에 접속할 때는 예외적으로 「よさそうだ」형태를 취한다는 것도 알고 있어야 풀 수 있는 문제이다. 또한 비슷한 모양을 가지거나 의미를 가지는 문형을 정확하게 이해하고 있는지도 함께 묻는 문제이다. 단순하게 적합한 기능어를 묻는 문제도 출제되지만, 최근에는 문장 전체를 보고 자연스러운 어구를 찾는 문제가 많이 출제되므로 문장 단위로 공부해야 한다.

합격 꿀팁

1. 기본적인 기능어와 조사, 수동, 사역, 사역수동 등의 초중급 표현이 섞인 비교적 긴 문장을 이해할 수 있는지를 묻는 문제가 주로 출제된다.
2. N3는 회화에서 자주 사용되는 문장이 출제된다.
3. 기능어 위주의 암기보다 문장 전체의 구조를 이해하는 연습을 해야 한다.

유형 공략 | 問題 2 문장 완성

問題2 문장 완성 문제는 보기에 주어진 네 개의 표현을 문법과 문맥에 맞게 순서대로 나열해 전체 문장을 완성하는 문제이다. 4개의 보기 중 ★이 붙어 있는 빈칸에 들어갈 말을 고르는 문제로 총 5문항이 출제된다.

예제

問題2　つぎの文の　★　に入る最もよいものを、1・2・3・4から一つえらびなさい。

14　来週、試験 ＿＿＿ ＿＿＿ ★ ＿＿＿ んですか。

1　何をやっていた　　　　　　2　ちっとも
3　授業に来ないで　　　　　　4　なのに

14　다음 주에 시험인데 전혀 수업에 오지 않고 무엇을 하고 있었어요?　|　④ ② ③ ①

문장이 끊어진 부분인「試験」과「んですか」와 연결되는 부분을 먼저 찾는 것이 답을 고르기 수월하다.「試験」뒤에 올 수 있는 말은 문맥과 문법을 고려하였을 때「なのに」가 가장 자연스럽고「んですか」앞에 올 수 있는 말로는「何をやっていた」가 가장 알맞은 표현이다. 먼저 이 두 부분을 골라 놓으면 그것이 나머지 부분을 연결하는 힌트가 되어 배열이 쉬워진다.

합격 꿀팁

1. 암기 위주의 기능어보다는 전체적인 문장의 흐름을 묻는 평이한 문장이 주로 출제된다.
2. 처음부터 4개의 보기를 한꺼번에 연결하려고 하지 말자.
3. 먼저 문장이 끊어진 부분과 연결할 수 있는 보기를 4개 중에 고르면 문제를 수월하게 풀 수 있다.

유형 공략 | 問題 3 문맥 이해

問題3 문맥 이해는 빈칸에 들어가는 가장 적당한 말을 고르는 문제로 총 5문항이 출제된다. 단편적인 문법지식을 묻는 문제에서 벗어나 전체적인 문맥을 파악하고 정확하게 문장의 의미를 이해하고 있는지를 묻는 문제가 출제된다.

예제

問題 3 つぎの文章を読んで、文章全体の内容を考えて 19 から 21 の中に入る最もよいものを、1・2・3・4から一つえらびなさい。

　東京に来て、電車を使う人がとても多いのにびっくりしました。ラッシュアワーは、駅も電車も本当に混雑しています。最初は、人が多くて大変なのに、なぜみんなが電車を使おうとするのか不思議でした。しかし、東京に来て3か月たって、その理由が 19 。

(中略)

　しかし、今でも分からないことが一つあります。東京では電車が次々来るから、電車の時間を気にして急ぐ必要はないはずです。 20 、駅の中や階段、ホームを、とても急いで歩いている人が多いです。わたしは、これが 21 わかりません。日本に長く住んでいたら、わたしも同じようになるのでしょうか。留学生活が終わるところには、答えが分かるのかもしれません。

19
1　わかってくるはずです　　　　2　わかっていくそうです
3　わかってきました　　　　　　4　わかっていったようです

20
1　だから　　　2　ところが　　　3　それで　　　4　なぜ

21
1　答えなのか　　2　なぜなのか　　3　理由なのか　　4　だれなのか

19　하지만 도쿄에 와서 3개월이 지나, 그 이유를 알게 되었습니다. | ③ ～てくる ~해 오다, ~하게 되다
20　그런데 역 안이나 계단, 플랫폼을 매우 서둘러 걷고 있는 사람이 많습니다. | ② ところが 그런데
21　이것이 왜인지 모릅니다. | ② なぜなのか 왜인지

19번은 모르는 상태에서 알게 되었다는 상태의 변화를 나타내므로 「～てくる」라는 문형이 사용된다. 또한 도쿄는 전철이 자주 오므로 서두를 필요가 없는 것 같은데, 역 안의 계단 등에서 서둘러 걷는 사람이 많다는 의미이므로 20번은 문맥상 역접을 나타내는 접속사 「ところが」가 와야 한다. 21번은 '왜인지 모릅니다' '어째서인지 모릅니다'로 해석되므로 「なぜなのか」가 와야 한다.

> **합격 꿀팁**
> 1. 문법적인 표현과 더불어 단락과 단락을 잇는 접속사, 문맥상 중요한 역할을 하는 어휘, 조사, 부사 등과 문말 표현도 함께 출제된다.
> 2. 지시어 관련 문제가 자주 출제되므로 평소 문장을 읽을 때 지시어가 가리키는 내용이 무엇인지를 생각하며 글을 읽는 연습을 하자.

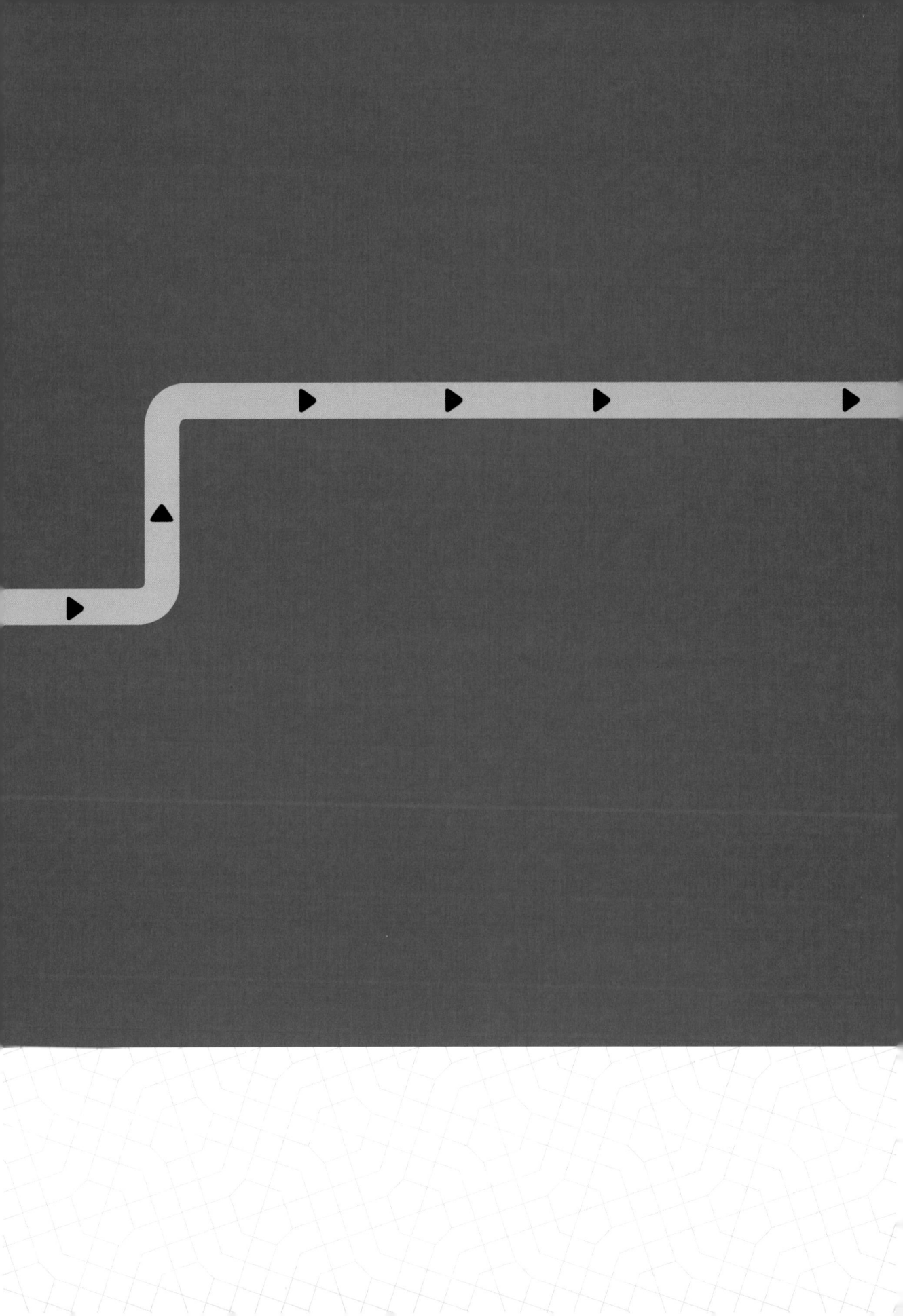

기출 공략

問題 1 문법 형식 판단 20
問題 2 문장 완성 25
問題 3 문맥 이해 28

〈PART2 기출 공략〉에서는 각 문제 유형별로 출제되었던 문형을 살펴봅니다. 본격적인 문법 학습에 들어가기 전에 어떤 문형들이 주로 출제되었는지 살펴보고 넘어갑니다.

기출 공략

📖 問題 1 문법 형식 판단

2010년

- ~間(あいだ) ~하는 동안
- いつのまにか 어느새
- いまにも~そうだ 당장에라도 ~할 것 같다
- お~いたす ~하다〈겸양〉
- ~かどうか ~인지 어떤지
- ござる 있다〈ある의 정중〉
- ~ことになっている ~하기로 되어 있다
- ~(さ)せないでください ~하게 하지 마세요
- ~(さ)せるつもりだ ~하게 시킬 생각이다
- ~すぎる 너무 ~하다
- ~たびに ~할 때마다
- ~ために ~때문에〈원인, 이유〉

- ~だろうけど ~하겠지만, ~이겠지만
- ~って(と) ~라고
- ~てあげる ~해 주다〈나→타인 등〉
- ~てほしい ~해 주기를 바라다
- とうとう 드디어, 결국, 마침내
- ~ないうちに ~하기 전에
- ~にする ~으로 하다〈결정〉
- ~について ~에 대해서
- ~ばいい ~하면 된다
- ~はずがない ~할 리가 없다
- ~ように ~하도록
- ~ようになる ~하게 되다〈변화〉

2011년

- いつか 언젠가
- うかがってもよろしい 찾아뵈어도 괜찮다〈겸양〉
- お目(め)にかかる 만나 뵙다〈見(み)る의 겸양〉
- 形(かたち)をしている 형태(모습)를 하고 있다
- さしあげる 드리다〈あげる의 겸양〉

- ~(さ)せてください ~하게 해 주세요
- ~そうもない ~할 것 같지 않다
- ~だけで ~만으로
- ~だけでよければ ~만으로 괜찮다면
- ~たところだ 막 ~한 참이다
- ~たらどうですか ~하면 어떻겠습니까?

- ~って(というのは) ~라는 것은, ~은
- ~として ~로서
- ~な ~하지 마 〈금지〉
- ~ない方がよさそうだ ~하지 않는 편이 좋을 것 같다 〈추측〉
- ~など ~등 〈나열〉
- ~なら ~라면
- ~なんか ~같은 것, ~따위
- ~に比べて ~에 비해서

- ~のことで ~에 관한 일로, ~로 인해, ~때문에
- ~ほしがっている ~을 갖고 싶어하다
- ~までには ~까지는
- ~ような ~와 같은
- ~ようなら ~할 것 같으면
- ~ように ~하도록
- ~ようになる ~하게 되다 〈변화〉

2012년

- AにBにC A에 B에 C 〈나열, 첨가〉
- ~かもしれない ~할지도 모른다
- こんなに 이렇게
- ご覧になる 보시다 〈見る의 존경〉
- ~するところだ 막 ~하려는 참이다
- ~だけ ~뿐, ~만
- たしかに 분명히, 확실히
- ~たばかりだ 막 ~한 참이다
- ~ためにも ~하기 위해서도
- ~たり~たり ~하기도 하고 ~하기도 하고
- ~だろうと思う ~할 것이라 생각하다
- ~ていただく ~해 받다 〈てもらう의 겸양〉

- ~てほしい ~해 주길 바라다
- ~でも ~라도 〈예시〉
- ~てもらえませんか ~해 주지 않겠습니까?
- どうしたらいいのか 어떻게 하면 좋을지
- ~としても ~라고 할지라도
- ~なくて ~하지 않아서 〈원인, 이유〉
- ~にとって ~에게 있어서
- ~にまで ~에 까지
- ~ば~ほど ~하면 ~할수록
- ~はずだ (분명) ~할 것이다, ~임이 틀림없다
- ~前に ~하기 전에
- まだ~ている 아직 ~하고 있다

기출 공략

- □ ～られる ～할 수 있다 〈가능형〉
- □ ～を中心に ～을 중심으로

2013년

- □ あの 저
- □ あんなに～のに 그렇게나 ~데도
- □ うかがう 여쭙다 〈겸양〉
- □ 必ず 반드시
- □ ～がる ～해 하다, ～어 하다
- □ ～(さ)せてあげる ～하게 해 주다
- □ ～(さ)せていただけませんか ～하게 해 주실 수 없겠습니까?
- □ ～たら ～했더니
- □ ～たら ～하면 〈조건〉
- □ 近くに 근처에, 가까이에
- □ ～てくる ～해 오다 〈이동의 방향〉
- □ ～てもいいんじゃない ～해도 되지 않을까?
- □ ～てもおかしくない ～해도 이상하지 않다
- □ ～という ～라고 하는 〈인용, 설명〉
- □ ～と比べて ～와 비교해서
- □ ～なくなってから ～하지 않게 되고 나서
- □ ～にくい ～하기 힘들다, ～하기 어렵다
- □ ～にとって ～에게 있어서
- □ ～には ～하려면, ～하기 위해서는 〈목적〉
- □ ～のだから ～것이니까
- □ ～への ～로의
- □ ～を ～을, ～를

2014년

- □ ああ 저렇게
- □ ～か ～할지
- □ ～ぐらい ～정도
- □ ご～致す ～합니다 〈겸양〉
- □ ご存じだ 아시다, 알고 계시다 〈知っている의 존경〉
- □ ～される 억지로 ～하다 〈사역수동의 축약형〉
- □ ～次第に 점차로, 점점
- □ ～すぎる 너무 ～하다
- □ ～ずつしかない ～씩밖에 없다
- □ ～たばかりだ 막 ～한 참이다
- □ ～ためなら ～을 위해서라면

- □ ～たりする ～하기도 한다
- □ ～てあげる ～해 주다 〈나→타인〉
- □ ～でございます ～입니다 〈です의 정중〉
- □ ～でなくてもよければ ～이 아니어도 괜찮다면
- □ ～てほしい ～해 주면 좋겠다
- □ ～でも何でも ～이든 무엇이든
- □ ～ないように ～하지 않도록
- □ ～によって ～에 따라서 〈차이, 구별〉
- □ ～に比べて ～에 비해서
- □ もう～ない 이미 ～없다(하지 않다)
- □ もちろん 물론
- □ ～らしい ～답다
- □ ～ろ ～해 〈명령형〉
- □ ～をしている ～을 하고 있다/～해져 있다 〈상태 표현〉
- □ ～んじゃなくて ～것이 아니고

2015년

- □ いらっしゃる 계시다 〈いる・行く・来る의 존경〉
- □ ～うちに ～하는 사이에(동안에)
- □ ～ぐらい ～정도
- □ ～しか～ない ～밖에 ～없다
- □ ～ござる ～있다 〈ある의 정중〉
- □ ～(さ)せてください ～하게 해 주세요 〈사역〉
- □ ～せいで ～탓으로
- □ ～たこともある ～한 적도 있다
- □ ～たまま ～한 채로
- □ 誰からも 누구로부터라도
- □ ついに 끝내, 마침내, 드디어
- □ ～って(＝という) ～라는
- □ ～つもりだ ～할 생각이다
- □ ～てくれ ～해 줘
- □ ～てしまう ～해 버리다
- □ ～そうだ ～할 것 같다 〈추측, 양태〉
- □ どれだけ～か 얼마나 ～한지
- □ ～ないように ～하지 않도록
- □ ～になら ～에게 라면
- □ ～になるまで ～가 될 때까지
- □ ～には ～에게는
- □ ～のか ～한 것인지
- □ ～のだったら ～하는 것이라면
- □ ～はじめる ～하기 시작하다

기출 공략

- ☐ ~ほかに ~외에, ~밖에
- ☐ ~ようとする ~하려고 하다
- ☐ ~ように ~하도록
- ☐ ~により ~에 의해서 〈원인〉

2016년

- ☐ お~ください ~해 주십시오 〈존경〉
- ☐ おっしゃる 말씀하시다 〈言う의 존경〉
- ☐ ~かもしれない ~일지도 모른다
- ☐ ~ことができる ~할 수 있다
- ☐ ~ことになっている ~하기로 되어 있다
- ☐ これまでに 지금까지
- ☐ ~(さ)せていただきます ~하겠습니다 〈겸양〉
- ☐ ~しか ~밖에
- ☐ ~してもよさそうだ ~해도 될 것 같다 〈추측, 양태〉
- ☐ 少しも~ない 조금도 ~하지 않다
- ☐ ~ず(に) ~하지 않고/~하지 않아서
- ☐ そう 그렇게
- ☐ ~そうだ ~라고 한다 〈전문〉
- ☐ ~たくても ~하고 싶어도
- ☐ ~だけだ ~뿐이다
- ☐ ~で ~이 함께 〈범위 한정〉
- ☐ ~ておく ~해 두다
- ☐ ~てくれる ~해 주다 〈타인→나 등〉
- ☐ ~てしまいましょうか ~해 버릴까요?
- ☐ ~てほしい ~해 주면 좋겠다
- ☐ ~でも ~라도
- ☐ ~ても不思議ではない ~해도 이상하지 않다
- ☐ ~という ~라고 하는
- ☐ どうしても~たい 무슨 일이 있어도 ~하고 싶다
- ☐ ~としたら ~한다고 하면
- ☐ ~ば ~하면

2017년

- ☐ あと+시간표현 앞으로+시간표현
- ☐ ~いただく ~받다 〈겸양〉
- ☐ ~しか~ない ~밖에 ~없다(하지 않는다)
- ☐ ~そうにない ~할 것 같지 않다

- □ ~たがる ~하고 싶어 하다
- □ ~だけでも ~만이라도
- □ ~ため ~때문에
- □ ~でいらっしゃいます ~입니다 〈존경〉
- □ ~てから ~하고 나서
- □ ~てしまいたい ~해 버리고 싶다

- □ ~てしまう ~해 버리다
- □ ~てみる ~해 보다
- □ なんて~だろう 얼마나 ~란 말인가
- □ ~に従(したが)って ~에 따라서
- □ ~ばかり ~뿐
- □ ようやく 마침내, 드디어

2018년

- □ あまりにも 너무나도
- □ ~おかげで ~덕분으로
- □ ご案内(あんないいた)致します 안내해 드리겠습니다 〈겸양어〉
- □ だれにも負(ま)けたくない 누구에게도 지고 싶지 않다
- □ ~ている(使(つか)っている) ~하고 있다(사용하고 있다)
- □ ~てもらいたい ~해 주면 좋겠다

- □ ~とか~とか ~라던가, ~라던가
- □ ~なるには ~려면, ~하기 위해서는
- □ ~に比(くら)べて ~에 비해서
- □ ~も~ないで(電気(でんき)も消(け)さないで) ~도 ~하지 않고(전기도 끄지 않고)
- □ やり直(なお)す 다시 ~하다
- □ ~ようと思(おも)ってから ~하려고 생각하고 나서

問題 2 문장 완성

2010년

- □ いらっしゃる 계시다 〈いる의 존경〉
- □ ~ことで ~에 관한 일로, ~로 인해, ~때문에
- □ ~だって ~라도 〈でも의 회화체〉
- □ ~たばかりだ 막 ~한 참이다

- □ ~だろうと思(おも)う ~일 거라 생각한다
- □ ~ても ~하더라도
- □ ~てもらう ~해 받다 〈상대방이 ~해 주다〉
- □ ~というような ~라는 것 같은

기출 공략

- □ ～と比(くら)べて ～와 비교해서
- □ ～など ～등 〈나열〉

2011년

- □ ～おかげだ ～덕분이다
- □ ～なのに ～인데도
- □ ちっとも～ない 조금도 ～하지 않다
- □ ～にする ～로 하다 〈선택〉
- □ ～という ～라고 하는, ～라는 〈인용, 설명〉
- □ ～によって ～에 따라서
- □ どんなに～ことか 얼마나 ～한 것인지
- □ ～によって ～에 의해서 〈수동의 동작주〉
- □ ～ないうちに ～하기 전에
- □ ～ほど～ない ～만큼 ～하지 않는다
- □ ～ないで ～하지 않고
- □ ～やらせてやる ～하게 해 주다

2012년

- □ 言(い)われると 말을 들으면 〈수동〉
- □ たぶん 아마(도)
- □ ～ことで ～에 관한 일로, ～로 인해, ～때문에
- □ ～ないより～方(ほう)がいい ～하지 않는 것보다 ～편이 좋다
- □ ～(さ)せられる 억지로 ～하다 〈사역수동〉
- □ ～について ～에 대해서
- □ ～するまで ～할 때까지
- □ ～の一(ひと)つに ～중의 하나로
- □ ～そうだ ～할 것 같다, ～해 보인다 〈추측〉
- □ ～まで ～까지
- □ ～だけでなく ～뿐만 아니라
- □ ～たことがある ～한 적이 있다

2013년

- □ お～になる 하시다 〈존경〉
- □ ～という ～라고 하는 〈인용, 설명〉
- □ ～そうだ ～할 것 같다, ～해 보인다 〈추측〉
- □ ～ないように ～하지 않도록
- □ ～だけは ～만은
- □ ～ほど～ない ～만큼 ～않는다

□ 最も 가장, 제일

□ ようやく 겨우, 가까스로

□ ～よりも ～보다도

□ ～られる ～할 수 있다〈가능〉

2014년

□ 音がする 소리가 나다

□ ～かもしれない ～할지도 모른다

□ ～するところだ 막 ～하려는 참이다

□ ～たまま ～한 채로

□ ～たら ～했더니

□ ～で ～중에서〈범위〉

□ ～てもおかしくない ～해도 이상하지 않다

□ ～てやる ～해 주다〈나→타인 등〉

□ ～と ～하면

□ ～なくてはいけない ～하지 않으면 안 된다

2015년

□ あまりに 너무나

□ ～ことから ～때문에, ～로 인해

□ ～そうだ ～라고 한다〈전문〉

□ だれも～ない 아무도 ～하지 않는다

□ ～てもおかしくない ～해도 이상하지 않다

□ どうしてかというと～からだ
어째서인가 하면 ～때문이다

□ ～ながら ～하면서

□ ～の ～의, ～의 것

□ ～のに ～인데도

□ ぴったり 딱(맞음, 어울림), 꼭

2016년

□ ～として ～로서

□ ～ないと ～하지 않으면

□ ～なおす 다시 ～하다

□ なかなか～ない 좀처럼 ～없다

□ ～にしかできない ～밖에 할 수 없다

□ ～に対して ～에 대해서/～을 상대로

기출 공략

- □ ~のを ~것을
- □ ~ば～ほど ~하면 ~할수록
- □ ~ほど～ない ~만큼 ~하지 않다
- □ 申(もう)す 말하다〈言う의 겸양〉
- □ ~やすい ~하기 쉽다
- □ ~ようになる ~하게 되다〈변화〉
- □ ~(ら)れる(言(い)われる) ~하게 되다, ~받다, ~히다(말해지다)〈수동〉

2017년

- □ さらに 게다가, 더욱이
- □ それには 그렇게 하려면, 그렇게 하기 위해서는
- □ ~てくれない ~해 주지 않는다〈타인→나〉
- □ ~てほしい ~해 주기를 바란다
- □ ~というわけだ ~라고 하는 것이다
- □ どうしても~できない 아무리 해도 ~할 수 없다
- □ ~にしかできない ~밖에 할 수 없다
- □ ~には ~에게는
- □ ~のを ~것을
- □ ~までで ~까지이고

2018년

- □ ~ことから ~로 인해서, ~때문에
- □ とうとう 드디어, 결국, 마침내
- □ なくなって 없어져서
- □ 入(はい)っていた 들어 있었다
- □ ~ばかり ~만

問題3 문맥 이해

2010년

- □ ~かもしれない ~할지도 모른다
- □ この 이
- □ つまり 즉, 결국, 다시 말해
- □ ですから 그러니까, 그러므로

- □ ～というのは ～라고 하는 것은, ～라는 것은
- □ ところが～のだ 하지만 ～인 것이다
- □ ～と言っている ～라고 말하고 있다
- □ ～なら ～라면
- □ ～のだ ～인 것이다
- □ ～ようにする ～하도록 하다

2011년
- □ 同じ 같은
- □ ～からだ ～때문이다
- □ こういう 이러한
- □ ～ことができる ～할 수 있다, ～하는 것이 가능하다
- □ そこで 그래서
- □ それから 그리고
- □ ～てくる ～해 오다, ～하게 되다
- □ なぜなのか 왜 그런 것인지
- □ ～なるのでしょうか ～되는 것일까요?
- □ ～のだと思う ～인 것이라고 생각한다

2012년
- □ 思った 생각했다
- □ 気が付く 깨닫다, 알아치리다
- □ しかし 하지만, 그러나
- □ 知りました 알았습니다
- □ その 그
- □ それ 그것
- □ それとも 그렇지 않으면
- □ ～(が)できる ～(을) 할 수 있다
- □ ～と言われる ～라는 말을 듣다
- □ ～のだそうだ ～인 것이라고 한다

2013년
- □ お世話になりました 신세 많이 졌습니다
- □ こんなに 이렇게나
- □ そういう 그러한
- □ ～つもりだ ～할 생각이다
- □ ～てあげたい ～해 주고 싶다 〈나→타인〉
- □ ～てくださいませんか ～해 주시지 않겠습니까?

기출 공략

- □ ~てくださる ~해 주시다
  〈타인→나 등/~てくれる의 존경〉
- □ ~でも ~라도, ~하더라도
- □ ところが 그렇지만, 하지만
- □ ~ようにする ~하도록 하다
- □ ~ようになる ~하게 되다 〈변화〉

2014년

- □ ~すると 그러자, 그랬더니
- □ そういう 그러한
- □ それ 그것
- □ ~ている ~하고 있다/~해져 있다
- □ ~てくれる ~해 주다 〈타인→나 등〉
- □ ~でした ~였습니다, ~했습니다
- □ ところが 하지만, 그렇지만
- □ ~みたいだ ~한 것 같다, ~인 것 같다
- □ ~(よ)うと思っている ~하려고 생각하고 있다

2015년

- □ 気がする ~한 느낌이 들다
- □ そのころ 그쯤, 그 무렵
- □ ~ている ~하고 있다/~해져 있다
- □ ~てしまう ~해 버리다
- □ ところが 그렇지만, 하지만
- □ ~のだ ~인 것이다
- □ ~も ~도
- □ ~ようにする ~하도록 하다

2016년

- □ 言いました 말했습니다
- □ ~けれども ~이지만
- □ これ 이것
- □ こんなこと 이런 것
- □ すると 그랬더니, 그러자
- □ ~てしまう ~해 버리다
- □ ~のかもしれません ~인 것일지도 모릅니다
- □ ~の方が ~쪽이, ~편이

- □ 広がって 넓어져서, 확대되어서
- □ ～ようになる ～하게 되다 〈변화〉

2017년

- □ 思っていたからです 생각하고 있었기 때문입니다
- □ ～かどうか ～인지 어떤지
- □ ～(さ)せる ～하게 하다, ～시키다 〈사역〉
- □ それでも 그렇지만, 그렇더라도
- □ ～たことがない ～한 적이 없다
- □ ～てみることにしました ～해 보기로 했습니다
- □ ～でも ～라도 〈예시〉
- □ ～たことがない ～한 적이 없다

2018년

- □ 案内されました 안내받았습니다
- □ この部屋 이 방
- □ それに 게다가, 덧붙여, 더욱이
- □ ～でしか ～에서밖에
- □ ～てみたい(住んでみたい) ～해 보고 싶다(살아 보고 싶다)

① 문형 학습

각 품사를 활용한 중요 문형을 공부합니다. 시험에 출제되는 중요 문형의 형태와 의미를 꼼꼼하게 체크하세요.

② 워밍업

문형 학습을 마친 후에는 간단한 문제를 통해 빠르게 복습해 볼 수 있습니다.

③ 실전 연습

실제 일본어 능력시험(JLPT) N3의 문법 시험과 동일한 형식의 문제를 풀어 보면서 실전에 대비할 수 있습니다.

합격 공략

01	명사 활용 문형 1 34	07	기타 문형 2 114
02	명사 활용 문형 2 46	08	こと・もの 활용 문형 128
03	동사 활용 문형 1 58	09	ところ・はず・わけ 활용 문형 142
04	동사 활용 문형 2 72	10	가정·조건 표현 154
05	조사 활용 문형 86	11	추측·수동/사역·사역수동 표현 ... 168
06	기타 문형 1 100	12	경어 표현 182

〈PART3 합격 공략〉에서는 각 품사를 활용한 중요 문형을 공부합니다. 각 문형마다 간단한 체크 문제를 풀어 볼 수도 있습니다. 문형을 살펴본 다음에는 워밍업을 통해 앞에서 배운 문형을 복습하고 실전 연습으로 실력을 쌓아 보세요.

합격 공략 | 명사 활용 문형 1

001

～間あいだ/～間あいだに ～동안(에)

● 접속 | 명사・동사・い형용사・な형용사의 명사 수식형

어떤 동작을 하는 시간 또는 어떤 상태가 지속되는 시간의 폭이나 범위를 말한다. 「～間」는 일정 시간 동안 계속적으로 상태가 유지되거나 어떤 동작을 한다는 의미이고, 「～間に」는 그 지속되는 시간 동안 어떠한 동작이 완료된다는 의미이다.

⊕ 플러스 ～間に VS ～うちに 004

食事しょくじをしている間あいだ、彼かれはずっと黙だまっていた。 식사를 하고 있는 동안 그는 계속 침묵했다.
子供こどもがいない間あいだに、家いえのそうじをしておいた。 아이가 없는 동안에 집 청소를 해 두었다.
休やすみの間あいだに、親したしい同僚どうりょうが会社かいしゃを辞やめてしまった。 휴가 동안에 친한 동료가 회사를 그만둬 버렸다.

● 체크 毎年冬まいとしふゆの(① 間あいだ ② 間あいだに)、ずっとハワイで過すごします。

002

～以上いじょう ～한 이상

● 접속 | 명사である/동사・い형용사・な형용사의 명사 수식형

앞에서 제시하는 내용을 이유로 삼아 말하는 사람의 의무・요구・결의・단정 등을 말할 때 사용한다. 뒷부분에는 말하는 사람의 결의・판단・추천・금지 등의 표현이 사용된다.

自分じぶんでこの仕事しごとを選えらんだ以上いじょうは、最後さいごまで頑張がんばります。
스스로 이 일을 선택한 이상은 마지막까지 노력하겠습니다.
大人おとなである以上いじょうは自分じぶんの行動こうどうに責任せきにんを取とってほしい。
어른인 이상은 자신의 행동에 책임을 지길 바란다.

● 체크 社長しゃちょうになった(① 以上いじょう ② 上じょう)、責任せきにんが重おもくなります。

003

～上で/～上での ～한 후에/～한 후의

● 접속 | 명사の/동사의 た형

앞에서 제시하는 일이 성립된 후에 뒤의 일을 한다는 의미의 조건표현이다.
시간상의 전후 관계를 나타내는 「～てから ～하고 나서」・「～た後で ～한 후에」와 비슷한 의미이지만, 앞의 내용이 성립되지 않으면 뒤의 일은 불가능하다는 조건을 의미한다는 점이 다르다.

説明をよく聞いた上で、決めてください。 설명을 잘 들은 후에 결정해 주세요.

よく考えた上での結論ですから、このまま進めましょう。
잘 생각한 후의 결론이니까 이대로 진행합시다.

✓ 체크 両親と話し合った＿＿＿ ＿＿＿ ★ ＿＿＿決める。
　　　　① 上　　　② 将来　　　③ で　　　④ を

004

～うちに/～ないうちに ～하는 동안/～하기 전에

● 접속 | 명사・동사・い형용사・な형용사의 명사 수식형/ない형

어떤 상태가 지속되는 동안에 새로운 변화가 생기거나 예상 밖의 일이 생겼다는 의미이다. 「～ないうちに」는 어떤 상황이 끝나기 전에 동작을 한다는 의미로, 보통 '～하기 전에'로 해석된다.

⊕ 플러스 ～うちに VS ～間に 001

若いうちに、たくさん旅行した方がいい。 젊을 때 많이 여행하는 편이 좋다.

東京駅を歩いているうちに迷子になってしまった。 도쿄역을 걷고 있는 동안에 길을 헤매고 말았다.

いいアイデアは忘れないうちにメモしておこう。 좋은 아이디어는 잊어버리기 전에 메모해 두자.

✓ 체크 朝、＿＿＿ ＿＿＿ ★ ＿＿＿つもりです。
　　　　① 片付ける　　② 宿題を　　③ うちに　　④ 涼しい

005

～おかげで/～おかげだ　～덕분에/～덕분이다

● 접속 | 명사 · 동사 · い형용사 · な형용사의 명사 수식형

어떠한 일이 도움이 되어 긍정적인 결과를 가져왔다는 의미이다. 인사말로 「～おかげさまで(～덕분에)」가 사용되며, 부정적인 결과를 초래한 경우에는 「～せいで(～탓으로)」를 사용한다.

スマホの地図のおかげで、道に迷わなかった。
스마트폰 지도 덕분에 길을 헤매지 않았다.

友達に手伝ってもらったおかげで、発表は無事に終わった。
친구가 도와준 덕분에 발표는 무사히 끝났다.

最近、やせたのは毎日している運動のおかげです。
요즘에 살이 빠진 것은 매일 하고 있는 운동 덕분입니다.

✓ 체크　体が(① 丈夫な　② 丈夫の) おかげで、あまり風邪を引きません。

006

～代わりに　～대신에

● 접속 | 명사 · 동사 · い형용사 · な형용사의 명사 수식형
유사 표현 | ～に代わって　～을 대신해서

(1) 명사 「代わり(대리, 대신, 대용)」을 활용한 문형으로 사람이나 사물을 대신한다는 의미이다.
(2) 어떤 것을 조건으로 하여 뒤에 오는 내용이 성립된다고 하는 의미이다.

社長の代わりに、私がご挨拶にうかがいました。(1)
사장님을 대신해서 제가 인사하러 찾아 뵀었습니다.

テストがない代わりに、レポートを出さなくてはいけない。(2)
테스트가 없는 대신에 리포트를 내야만 한다.

今日休む**代わりに**、週末も仕事をしなければならない。(2)
오늘 쉬는 **대신에** 주말도 일을 해야만 한다.

✓ 체크 田中が（① 来た　② 来る）代わりに、木村が来た。

007

～くせに　～이면서, ～인 주제에

접속 | 명사・동사・い형용사・な형용사의 명사 수식형

어떤 것에 대한 비난이나 불만 등을 표현할 때 사용하는 역접 표현이다. 친한 사이에서는 「～くせして」의 형태를 사용하기도 한다.

男の**くせに**、お化粧をして女みたいだ。
남자인 **주제에** 화장을 해서 여자 같다.

いつも暇な**くせに**、忙しいふりをしている。
항상 한가**하면서** 바쁜 척을 하고 있다.

必ず来ると約束した**くせに**、まだ来ていない。
반드시 오겠다고 약속했**으면서** 아직 오지 않는다.

✓ 체크 彼は＿＿＿＿ ＿＿＿＿ ★＿＿＿ ＿＿＿＿がない。

　　① 力　　　② 大きい　　　③ 体が　　　④ くせに

008

～上 ~상

● 접속 | 명사

어떤 일을 결정하거나 판단할 때 고려해야 하는 내용을 설명할 때 사용한다. 「上」를 「うえ」로 읽지 않도록 주의해야 한다.

法律上、以下の行為は禁止されています。
법률상 아래의 행위는 금지되어 있습니다.

彼らの要求は会社の運営上、認めることができない。
그들의 요구는 회사의 운영상 인정할 수가 없다.

セキュリティー上の理由により、ログインができない。
보안상의 이유에 의해 로그인을 할 수 없다.

✓ 체크   安全＿＿＿ ＿★＿ ＿＿＿ ＿＿＿ ください。

① 出ないで　　② 上　　③ 前には　　④ ここから

009

～せいで/～せいか ~탓으로/~탓인지

● 접속 | 명사・동사・い형용사・な형용사의 명사 수식형

어떤 일이 원인이 되어서 나쁜 결과를 초래하고 말았다는 의미로 쓰이고, 「～せいか」는 그 원인을 100% 확신할 수 없다는 의미이다. 원인・이유를 나타내는 「～ので」・「～から」・「～ため」 등으로 대체하여 쓸 수 있다.

昨日飲みすぎたせいで、気分が悪い。
어제 과음한 탓에 속이 좋지 않다.

携帯のアラームが鳴らなかったせいで、遅刻してしまった。
휴대폰 알람이 울리지 않은 탓으로 지각하고 말았다.

風邪のせいか、ずっと体の具合が良くない。
감기 탓인지 계속 몸 상태가 좋지 않다.

✅ 체크　中居さんが遅刻した(① くせに　② せいで)飛行機に乗り遅れた。

010

～たびに　～할 때마다, ~할 적마다

접속 | 명사の/동사의 사전형

동작성 명사와 함께 사용되어 어떤 동작을 할 때마다 같은 일이 반복된다는 의미로, 일회성인 경우가 아니고 반복적으로 같은 상황이 되는 경우에만 사용할 수 있다.

彼女に会うたびにすてきな人だと思う。
그녀를 만날 때마다 멋진 사람이라고 생각한다.

この部屋には入るたびに許可を取らなければならない。
이 방에는 들어갈 때마다 허가를 받아야만 한다.

札幌に帰るたびに高校時代の仲間とお酒を飲む。
삿포로에 돌아갈 때마다 고교 시절 친구와 술을 마신다.

✅ 체크　井上さんは＿＿＿ ＿＿＿ ★ ＿＿＿にチーズホットドッグを食べて帰る。
　　　　① 来る　　② 韓国　　③ たび　　④ に

워밍업

1 한국어 해석을 참고로 괄호 안에 들어갈 말로 알맞은 것을 고르세요.

1. 君の(　　)うまくいったよ。　네 덕분에 잘 됐어.

2. やると言った(　　)やらなければならない。　하겠다고 한 이상 해야만 한다.

3. 雨が降らない(　　)帰ろう。　비가 내리기 전에 돌아가자.

4. 二人は会う(　　)けんかをする。　두 사람은 만날 때마다 싸움을 한다.

5. 知っている(　　)知らないふりをしている。　알고 있으면서 모르는 척을 하고 있다.

6. 話し合った(　　)決める。　이야기를 나눈 후에 정한다.

7. 都合(　　)参加できません。　사정상 참가할 수 없습니다.

8. 年の(　　)忘れっぽくなった。　나이 탓인지 자주 깜박깜박한다.

9. 休みの(　　)ずっと遊んでいました。　휴가 동안에 계속 놀고 있었습니다.

10. 君の(　　)僕がしよう。　네 대신에 내가 할게.

| ① たびに | ② 上で | ③ せいか | ④ 間 | ⑤ 以上 |
| ⑥ くせに | ⑦ 上 | ⑧ うちに | ⑨ おかげで | ⑩ 代わりに |

2 힌트를 참고로 괄호 안에 들어갈 알맞은 문형을 찾아 쓰세요.

11. 親(　　)おかげでここまで成長した。

12. 京都に行くたび(　　)嵐山に行きます。

13. 子供が寝ている間(　　)買い物に行ってきた。

14. 若いうち(　　)旅に出よう。

15. 雪のせい(　　)電車が遅れた。

> **힌트**
> ①で　②へ　③を　④の　⑤まで　⑥も　⑦が　⑧ので　⑨と　⑩に

3 다음 문장을 잘 읽고 괄호 안에 들어갈 말로 알맞은 것을 고르세요.

16. 彼に会う(① たびに　② 上で)やせろと言われる。

17. 今日も雨だ。(① これ　② それ)以上雨は嫌だ。

18. よけいなことを(① 言い　② 言った)せいで彼に嫌われた。

19. 彼女は大きなことを言う(① 以上　② くせに)大したことはない。

20. ジムに(① 通う　② 通った)代わりにジョギングをしている。

> **정답**
> 1⑨　2⑤　3⑧　4①　5⑥　6②　7⑦　8③　9④　10⑩
> 11 ④　12 ⑩　13 ⑩　14 ⑩　15 ①　16 ①　17 ①　18 ②　19 ②　20 ①

합격 공략 | 실전 연습 01

問題1 つぎの文の（　　）に入れるのに最もよいものを、1・2・3・4から一つえらびなさい。

① 親が（　）、宅配便が来ました。
　1　出かけている間に　　2　出かけているまでに
　3　出かけている間　　　4　出かけているまで

② 基礎をしっかりと固めた（　）、次に進まなければならない。
　1　くせに　　2　上で　　3　せいで　　4　おかげで

③ このプロジェクトがうまくいったのは、若林課長の（　）。
　1　せいだ　　2　ままだ　　3　おかげだ　　4　よる

④ A「鈴木さん、どうして会社を辞めるんですか。」
　　B「一身（　）都合です。今までお世話になりました。」
　1　の中の　　2　上の　　3　のせいで　　4　との

⑤ ガキの（　）、タバコを吸っている。
　1　ほどで　　2　たびに　　3　からといって　　4　くせに

⑥ 何度も会っている（　）に、彼女のことが好きになっちゃった。
　1　間　　2　中　　3　こと　　4　以上

⑦ 雪が降っている（　）、外出できません。
　1　くせに　　2　ついでに　　3　せいで　　4　ためなら

⑧ 私は東京に行く（　）、ディズニーランドに行きます。
　1　とおりに　　2　たびに　　3　ように　　4　だから

問題2　つぎの文の ★ に入る最もよいものを、1・2・3・4から一つえらびなさい。

9　僕が＿＿＿ ★ ＿＿＿ ＿＿＿、最後までやるしかない。
　　1　言った　　　2　引き受ける　　3　以上　　　　4　と

10　健康のためにはジュース＿＿＿ ＿＿＿ ★ ＿＿＿いいですよ。
　　1　方が　　　　2　の代わりに　　3　お茶を　　　4　飲んだ

11　先生に＿＿＿ ★ ＿＿＿ ＿＿＿よ。
　　1　うちに　　　2　謝りに　　　　3　怒られない　4　行こう

12　彼女のことが＿＿＿ ★ ＿＿＿ ＿＿＿好きだと言えない。
　　1　好きな　　　2　本人の　　　　3　くせに　　　4　前では

13　今年の冬は暖かかった＿＿＿ ★ ＿＿＿ ＿＿＿です。
　　1　安かった　　2　暖房代　　　　3　おかげで　　4　が

14　教師として、そのような＿＿＿ ＿＿＿ ★ ＿＿＿よくありませんよ。
　　1　は　　　　　2　教育　　　　　3　行動　　　　4　上

15　親に許可を＿＿＿ ＿＿＿ ★ ＿＿＿旅行は大丈夫です。
　　1　の　　　　　2　で　　　　　　3　上　　　　　4　もらった

16　日本に＿＿＿ ＿＿＿ ★ ＿＿＿を発見する。
　　1　新たな　　　2　たびに　　　　3　良さ　　　　4　行く

합격 공략 | 실전 연습 01

問題3 つぎの文章を読んで、文章全体の内容を考えて 17 から 21 の中に入る最もよいものを、1・2・3・4から一つえらびなさい。

　高3の夏休み、僕を入れてクラスメイト4人で3泊4日で旅行に行った。場所は東京の南にある八丈島だ。船で12時間くらいかかるがここも東京都だ。受験生 17 旅に出た。言うまでもなく高3の夏は、とても重要な夏で、旅行をしている場合ではない。他のクラスメイトは夏休み 18 、ずっと勉強をしている。しかし旅好きの僕達を僕達自身が止めることができなかったので、旅に出た。船に乗る前に、旅行会社で予約をしておいたチケットを受け取る必要がある。船乗り場の窓口で自分の名前を言ったが、2泊3日の予約になっていた。旅行会社では確かに3泊のチケットを予約したのに、窓口では「予約は2泊になっていて、ここでは変更できない。」と言うのだ。 19 予約した旅行会社に電話したが、誰も電話に出なかった。営業時間が過ぎていたからだ。困ってしまい、 20 会社の他の支店にもかけたが、つながらない。また他の支店にかけた。5か所くらいにかけて、 21 つながった。事情を話した。結局、旅行会社のミスだということがわかり、僕達4人は船に乗ることができ、3泊4日の八丈島旅行が始まったのだ。

17
1 のおかげで 2 のくせに 3 のに 4 のせいで

18
1 の間(あいだ) 2 の間(あいだ)に 3 ので 4 から

19
1 なんとなく 2 どことなく 3 仕方(しかた)なく 4 危(あぶ)なく

20
1 同(おな)じな 2 同(おな)じの 3 同(おな)じに 4 同(おな)じ

21
1 もっと 2 やっと 3 そっと 4 きっと

합격 공략 | 명사 활용 문형 2

011

～ために ~을 위해(서)〈목적〉/ ~때문(에)〈이유〉

● 접속 | 명사·동사·い형용사·な형용사의 명사 수식형

(1) 어떤 동작의 목적을 나타낼 때 사용하며, 어떤 대상의 이익을 위해서 하는 행동이라는 의미도 있다.
(2) 어떤 결과에 대한 원인이나 이유를 설명할 때도 사용한다. 하지만 이 경우에는 뒷 문장에 의지·의뢰·부탁 같은 표현은 쓸 수 없다.
　예 暑いため、窓を開けてください。 더우니까 창문을 열어 주세요. (×)

選手たちはメダルを取るために頑張っています。(1)
선수들은 메달을 따기 위해서 열심히 하고 있습니다.

EJUは日本の大学に留学するための試験です。(1)　EJU는 일본 대학에 유학하기 위한 시험입니다.

朝降った大雪のため、道が混んでいる。(2)　아침에 내린 폭설 때문에 길이 막힌다.

✓ 체크　子供達(① の　② を)ために、一生懸命に働く。

012

～ついでに ~한 김에

● 접속 | 명사の/동사의 사전형·た형

어떤 동작을 하는 그 기회를 이용하여 다른 동작도 함께 한다는 의미이다. 앞부분에서 미리 예정되어 있던 동작을 말하고 뒷부분에는 계획에 없던 추가적인 동작을 설명한다.

図書館に行くついでに、姉の本も返して来た。 도서관에 가는 김에 언니 책도 반납하고 왔다.
立ったついでに書類を持って来てくれませんか。 일어선 김에 서류를 가지고 와 주지 않겠습니까?
部屋の掃除のついでに家具の配置を変えました。 방 청소를 하는 김에 가구 배치를 바꿨습니다.

✓ 체크　買い物に行く(① ため　② ついでに)タバコを買ってきてよ。

013

～つもりで ～했다 생각하고, ~한 셈 치고

접속 | 동사의 た형

동사의 「た형」에 접속하여 실제로 그 동작을 하지는 않았지만 한 것으로 생각한다는 의미로 쓰인다. 하지만 접속 형태가 동사 사전형에 연결되면 의지나 예정을 나타내는 다른 의미의 표현이 되므로 주의해야 한다. 「死んだつもりで(죽은 셈치고)」처럼 강한 의지를 나타내는 관용 표현으로도 자주 사용된다.

死んだつもりで、熱心に働きます。 죽은 셈 치고 열심히 일하겠습니다.

覚えたつもりで、次のページに移りましょう。 외운 셈 치고 다음 페이지로 넘어갑시다.

체크 子供に戻った(① つもり ② 反面)で遊びましょう。

014

～つもりはない ～할 생각은 없다

접속 | 동사이 사전형・た형

(1) 사전형에 접속하여 어떤 동작을 하려는 생각이나 의도, 예정이 없다고 말할 때 사용한다.
(2) 「た형」에 접속하면 자신이 한 과거의 행동에 대해 상대방의 해석이나 판단을 부정하는 의미가 되며, '~할 생각은 없었다'라고 해석한다.

一回の失敗で夢を諦めるつもりはないです。⑴
한 번의 실패로 꿈을 포기할 생각은 없습니다.

悪口を言ったつもりはないけど、気を悪くさせてすみません。⑵
험담을 할 생각은 없었는데, 기분 나쁘게 해서 죄송합니다.

체크 お前に＿＿＿ ★ ＿＿＿ ＿＿＿はない。

① 教育を   ② つもり   ③ そんな   ④ した

015

～とおり(に) ~대로

● 접속 | 명사の/동사의 사전형・た형

앞에서 말한 내용과 똑같은 상태나 방법을 표현할 때 사용하며, 한자 표기는 「～通り(に)」이다. 명사에 접속하는 경우에 「どおり(に)」의 형태를 취하는 경우도 있다. 예 スケジュールどおりに 스케줄대로

私が教えたとおりにちゃんとやったの？
내가 가르쳐 준 대로 제대로 했어?

説明書に書いてあるとおりに設定しても動かない。
설명서에 적혀 있는 대로 설정해도 움직이지 않는다.

人生は計画どおりに進まない時が多い。
인생은 계획대로 진행되지 않을 때가 많다.

✓ 체크   私のする＿＿＿ ＿＿＿ ★ ＿＿＿ください。

① 真似を   ② みて   ③ して   ④ とおりに

016

～は別として・～は別にして
~은 제쳐 두고, ~와는 상관없이, ~은 나중에 생각하고

● 접속 | 명사/의문사/かどうか

어떤 내용을 잠시 미뤄 두고 더 중요한 다른 부분을 우선적으로 생각한다는 의미이다.

買うかどうかは別として、この車はとても素敵ですね。
살지 말지와는 상관없이 이 차는 매우 멋지군요.

飛行機の予約は別にしてまだビザも取っていない。
비행기 예약은 제쳐 두고 아직 비자도 취득하지 않았다.

試験の結果は別にしてみんな頑張ったからそれでいい。
시험 결과와는 상관없이 모두 열심히 했으니까 그걸로 됐다.

✓ 체크 大きい会社は_____ _____★ _____ _____は苦しい。
　　① 会社の　　② 小さい　　③ 別として　　④ 経営

017

～反面　～인 반면, ～한 반면

● 접속 | 명사である/동사·い형용사·な형용사의 명사 수식형

반대되는 두 가지 사실을 대비해서 설명할 때 사용하는 표현이다. 「その反面(그 반면)」의 형태로도 자주 사용된다.

あの選手は有名な反面、それほどの実力はない。
저 선수는 유명한 반면, 그 정도의 실력은 없다.

田舎は空気がいい反面、交通の便があまりよくない。
시골은 공기가 좋은 반면 교통편이 별로 좋지 않다.

この薬はよく利く反面、副作用を伴う場合もある。
이 약은 잘 듣는 반면, 부작용을 동반하는 경우도 있다.

✓ 체크 彼は体が(① 大きい　② 大きく)反面、よく病気になる。

018

～ほか(に) ~외에

● 접속 | 명사・동사・い형용사・な형용사의 명사 수식형

앞에서 이야기한 내용에 다른 내용을 추가해서 말할 때 쓰이며, 명사를 수식할 때는 「ほかの+명사」의 형태를 사용한다. 「そのほか・ほかに(그 외에・그 밖에)」와 같은 형태로도 많이 쓰인다.

この店は本の**ほかに**、コーヒーやパンも売っている。 이 가게는 책 **외에** 커피나 빵도 팔고 있다.

昨日はちょっと散歩した**ほか**はずっと家でごろごろしていた。
어제는 잠깐 산책한 것 **이외에**는 계속 집에서 빈둥빈둥했다.

✓ 체크   若林さんの（① 前にして   ② 他に）できる人はいない。

019

～まま(で) ~한 채(로)

● 접속 | 명사・동사・い형용사・な형용사의 명사 수식형

어떤 상태가 변화 없이 계속 유지될 때 사용하며, 변화하기 전의 원래 상태로 돌아가야 하지만 그 상태가 그대로 지속된다는 의미이다. 「このまま(이대로)」・「そのまま(그대로)」・「あのまま(저대로)」의 형태로도 자주 쓰인다. 동사 긍정형에 접속할 때는 「た형」에 접속하고, 부정형에 접속할 때는 「ない형」에 접속한다.

上司に何も言わない**まま**、外出してはいけません。
상사에게 아무 말도 하지 않은 **채로** 외출하면 안 됩니다.

このお寺は年月が経っても昔の**まま**です。 이 절은 세월이 지나도 옛날 그대로입니다.

お茶のティーパックを入れた**まま**にしておいても大丈夫ですか。
차 티백을 넣은 **채로** 두어도 괜찮습니까?

✓ 체크   夜、電気を（① つける   ② つけた）ままで寝ます。

020

～を中心(ちゅうしん)に(して) ~을 중심으로 (해서)

● 접속 | 명사

어떤 상황의 중심 인물이나 내용에 대해서 설명할 때 사용하는 표현이다. 「～を中心として」의 형태로도 사용된다.

K-POPはアジアを中心に全世界で愛されている。
K-POP은 아시아를 중심으로 전세계에서 사랑받고 있다.

今年の冬は新潟を中心にして大雪が降った。 올해 겨울은 니가타를 중심으로 해서 큰 눈이 내렸다.

福岡を中心として活動する市民団体です。 후쿠오카를 중심으로 활동하는 시민단체입니다.

✓ 체크   このプロジェクトは課長(① を   ② の)中心にして進められています。

021

～を前(まえ)に(して) ~을 앞두고

● 접속 | 명사

어떤 중요한 일이나 사건을 앞두고 있다는 의미이며, 그 일이 머지않아 곧 일어날 것이라는 뉘앙스이다.

結婚を前に不安を感じる人も多いようだ。 결혼을 앞두고 불안을 느끼는 사람도 많은 것 같다.

試合を前にしてお酒を飲むなんて信じられない。 시합을 앞두고 술을 마시다니 믿을 수 없다.

卒業を前にして先生に感謝の手紙を書きました。
졸업을 앞두고 선생님에게 감사 편지를 썼습니다.

✓ 체크   皆を_____ _____ ★ _____します。

① 前にして   ② 考えを   ③ 発表   ④ 自分の

워밍업

1 한국어 해석을 참고로 괄호 안에 들어갈 말로 알맞은 것을 고르세요.

1. 健康の(　　)好き嫌いをしない方がいい。 건강을 위해서는 편식을 하지 않는 편이 좋다.

2. 勝ち負けは(　　)最後まで頑張りましょう。 승패와는 상관없이 마지막까지 힘냅시다.

3. モデルになった(　　)派手な服を着る。 모델이 되었다 생각하고 화려한 옷을 입는다.

4. 夕ご飯の支度をする(　　)に明日の弁当も作っておいた。
   저녁 준비를 하는 김에 내일 도시락도 만들어 두었다.

5. 僕の言った(　　)じゃないか。 내가 말한 대로잖아.

6. 彼は大阪では有名なタレントである(　　)東京ではあまり知られていない。
   그는 오사카에서는 유명한 탤런트인 반면, 도쿄에서는 그다지 알려져 있지 않다.

7. ここは交通の便が悪い(　　)、とてもいい。
   이곳은 교통편이 나쁜 것 이외에는 매우 좋다.

8. いつまでも若い(　　)いたい。 언제까지 젊은 채로 있고 싶다.

9. アメリカを(　　)世界は回っているのか。 미국을 중심으로 세계는 돌고 있는 것인가.

10. 有名人を(　　)ドキドキしてしまった。 유명인을 앞에 두고 두근두근했다.

| ①とおり | ②他は | ③ついで | ④ままで | ⑤前にして |
| ⑥反面 | ⑦別にして | ⑧中心に | ⑨ためには | ⑩つもりで |

2 힌트를 참고로 괄호 안에 들어갈 알맞은 문형을 찾아 쓰세요.

11. 恋人（　）ためには何でもできる。

12. デート（　）前にして、今夜は眠れない。

13. 生（　）まま、食べない方がいいですよ。

14. 三上さん（　）別として、韓国語のできる人がいない。

15. 新宿駅（　）中心として、郊外に鉄道が伸びています。

힌트
① で　② へ　③ を　④ の　⑤ は　⑥ も　⑦ が　⑧ ので　⑨ と　⑩ に

3 다음 문장을 잘 읽고 괄호 안에 들어갈 말로 알맞은 것을 고르세요.

16. 浅草まで来た(① により　② ついでに)スカイツリーまで行こうよ。

17. 初心に(① 戻る　② 戻った)つもりで頑張ります。

18. スマホは便利(① の　② な)反面、不便な面もあります。

19. 明日は映画を見る(① ままで　② 他は)暇です。

20. あ、クーラーを(① 消さない　② 消えない)まま、家を出てしまった。

정답
1 ⑨　2 ⑦　3 ⑩　4 ③　5 ①　6 ⑥　7 ②　8 ④　9 ⑧　10 ⑤
11 の　12 を　13 の　14 は　15 を　16 ②　17 ②　18 ②　19 ②　20 ①

합격 공략 | 실전 연습 02

問題1 つぎの文の（　　　）に入れるのに最もよいものを、1・2・3・4から一つえらびなさい。

1 東京ドームが近い（　　）、野球を見に行く人達が多い。
1　間に　　　　2　ため　　　　3　ものが　　　　4　なんて

2 友達は卒業できる（　　）、俺は留年が決まった。
1　他に　　　　2　反面　　　　3　せいか　　　　4　おかげで

3 健康な（　　）年を取りたい。
1　間　　　　　2　はずで　　　3　くせに　　　　4　まま

4 A「林さん、ご結婚おめでとうございます。」
　　B「ありがとう。結婚する（　　）はなかったんだけど、子供ができてね。」
1　ところ　　　2　上　　　　　3　つもり　　　　4　別

5 結婚（　　）、マリッジブルーになっているよ。
1　を前にして　2　を別にして　3　だからといって　4　というのは

6 先生のお話の（　　）にやってみましょう。
1　らしい　　　2　とおり　　　3　うち　　　　　4　以上

7 大阪を（　　）店を出しています。
1　ために　　　2　反面に　　　3　前にして　　　4　中心として

8 あの人はハンサムな（　　）に長所はない。
1　もの　　　　2　別　　　　　3　他　　　　　　4　前

問題2 つぎの文の＿★＿に入る最もよいものを、1・2・3・4から一つえらびなさい。

9 ポケットにお金を＿＿＿ ★ ＿＿＿ ＿＿＿しまった。
1　まま　　　2　入れた　　　3　回して　　　4　洗濯機を

10 A「最近、髪が薄くなってきたんです。」
　　B「効くか＿＿＿ ＿＿＿ ★ ＿＿＿使ってみたらどうですか。」
1　別として　　　2　この　　　3　薬を　　　4　どうかは

11 取引先に＿＿＿ ＿＿＿ ★ ＿＿＿で遊んできた。
1　パチンコ屋　　　2　行った　　　3　近くの　　　4　ついでに

12 20代の時は、毎日＿＿＿ ★ ＿＿＿ ＿＿＿いました。
1　つもり　　　2　で　　　3　働いて　　　4　死んだ

13 入学試験を＿＿＿ ★ ＿＿＿います。
1　して　　　2　勉強を　　　3　前にして　　　4　ばかり

14 和地君は本が＿＿＿ ＿＿＿ ★ ＿＿＿読書をしています。
1　ため　　　2　の中でも　　　3　好きな　　　4　電車

15 彼女は＿＿＿ ★ ＿＿＿ ＿＿＿があるという噂がある。
1　である　　　2　裏の顔　　　3　きれい　　　4　反面

16 蒼井優は＿＿＿ ＿＿＿ ★ ＿＿＿です。
1　していた　　　2　美しかった　　　3　想像　　　4　通り

합격 공략 | 실전 연습 02

問題3 つぎの文章を読んで、文章全体の内容を考えて 17 から 21 の中に入る最もよいものを、1・2・3・4から一つえらびなさい。

「君がため　惜しからざりし　命さへ　長くもがなと　思ひけるかな」

これは恋の短歌です。君の 17 もったいなくなかった自分の命だったが、今となっては長く生きたいと思っているという意味です。作者は藤原義孝(954年～974年) という人で、病気の 18 20歳で亡くなりました。

義孝はある女性に恋をしました。この女性が好きなので命を捨ててもいい。命はもったいなくない。彼女の 17 死んでもいいと思っていました。ある日、義孝はこの女性と朝まで一緒に過ごしました。 19 時から、彼の考えは変わりました。彼女を愛しているので、これからは長く生きたい。いつまでも彼女と一緒にいたいと願うようになったのです。そしてもう彼女 20 女性はいないと思うようになったのです。 21 彼は20歳で亡くなってしまいました。病気で20年という短い人生が終わってしまいました。彼はとても格好良くて、性格も良かったと言われています。そんな彼の短い人生を考えながらこの短歌をよむと、とても悲しく思えますね。

17
1　ためなら　　　2　せいだったら　　　3　ものだと　　　4　とおりになれば

18
1　反面（はんめん）　　　2　前に（まえ）　　　3　せいで　　　4　くせに

19
1　もの　　　2　どの　　　3　あの　　　4　この

20
1　の通りの（とお）　　　2　に関して（かん）　　　3　以内で（いない）　　　4　の他に（ほか）

21
1　だから　　　2　また　　　3　それで　　　4　しかし

합격 공략 | 동사 활용 문형 1

022

～かもしれない ～일지도 모른다, ～일 수도 있다

● 접속 | 명사・동사・い형용사・な형용사의 보통형(명사・な형용사의 현재형 だ)

확실하지는 않지만 어떠한 가능성이 있다고 추측할 때 사용하며, 친한 사이에서는 「しれない」를 생략하고 「～かも・～かもね」의 형태로도 사용된다.

辛い料理が好きなあなたは食べられる**かもしれない**。
매운 요리를 좋아하는 당신은 먹을 수 있을**지도 모른다**.

意外と簡単**かもしれない**から、やってみよう。 의외로 간단할 수도 있으니까 해 보자.

✓ 체크   その話はうそ(① だった   ② の)かもしれない。

023

～から ～にかけて ～로부터 ～에 걸쳐서

● 접속 | 명사+から～명사+にかけて

시간이나 장소를 나타내는 말과 함께 쓰여 그 시작과 끝을 제시하고 그 범위 안에서 어떤 상황이 계속됨을 나타낸다. 시작과 끝을 명확하게 지정하지 않는 경우는 「～にわたって ～에 걸쳐서」를 사용한다. 기초 표현인 「～から ～まで(～부터 ～까지)」와 비슷한 의미이다.

⊕ 플러스 ～から ～にかけて VS ～にわたって 049

九州から関西にかけて大雨になる見込みです。 규슈에서 간사이에 걸쳐서 큰 비가 내릴 전망입니다.

花火大会は金曜日から日曜日にかけて行われる予定だ。
불꽃 놀이는 금요일부터 일요일에 걸쳐서 실시될 예정이다.

✓ 체크   22時から6時(① に   ② を)かけて道路工事が行われます。

024

～からといって ~라고 해서

● 접속 | 명사・동사・い형용사・な형용사의 보통형

어떤 이유나 원인을 제시하고 그것으로 인해 당연하다고 여겨지는 상황이 실제로는 반드시 그런 것은 아니라는 의미이다. 「～とは限らない(~라고 할 수는 없다)」・「～わけではない(~한 것은 아니다)」・「～とは言えない(~라고 말할 수는 없다)」와 함께 쓰일 때가 많다. 「だからといって (그렇다고 해서)」처럼 접속사로도 사용된다.

笑っているからといって必ずしも幸せとは限らない。 웃고 있다고 해서 반드시 행복하다고는 할 수 없다.

子供だからといって、こういう行動まで許されるわけではない。
아이라고 해서 이러한 행동까지 용서되는 것은 아니다.

● 체크 外国人(① だから ② なので)といって、みんな日本語が下手なわけではない。

025

～だろうと思う/～かと思う
~일 거라고 생각하다/~인가라고 생각하다

● 접속 | 명사・동사・い형용사・な형용사의 보통형(명사・な형용사의 현재형 だ)

추측을 나타내는 「だろう」나 불확실을 나타내는 「か」와 함께 사용되어 자신의 생각이나 의견을 강하게 단정하지 않고 부드럽게 돌려 말할 때 사용한다.

今年の観光客は去年よりは増えるだろうと思う。 올해 관광객은 작년보다는 증가할 거라고 생각한다.

真冬のロシアは寒くて死ぬかと思った。 한겨울의 러시아는 추워서 죽을 뻔했다.

● 체크 彼はいつか＿＿＿＿ ★ ＿＿＿＿ ＿＿＿＿思う。

　　　① 戻ってくる　② と　③ だろう　④ きっと

026

～ていく/～てくる　～해 가다/～해 오다

● 접속 | 동사의 て형

(1) 어떤 동작을 한 뒤의 공간적인 이동, 또는 이동의 방향을 나타낸다.
(2) 과거에서 현재로(～てくる) 또는 현재에서 미래로(～ていく)의 상태 변화나 계속을 의미한다.
(3) 물건이나 감각, 정보 등의 도달 등을 의미한다.(～てくる)

ビールを買って来ます。(1) 맥주를 사 오겠습니다.

これからも世界の人口は増えていくでしょう。(2) 앞으로도 세계 인구는 늘어 가겠지요.

カフェに入ったら、コーヒーの香りがしてきた。(3) 카페에 들어갔더니 커피 향기가 났다.

● 체크　これから日本の人口はどんどん減って(① くる　② いく)でしょう。

027

～てはいられない　～하고는 있을 수 없다

● 접속 | 동사의 て형

유사 표현 | ～てばかりはいられない ～하고만 있을 수는 없다

어떠한 이유로 그 동작을 계속할 수 없거나 그 상태를 계속해서 유지할 수 없다는 의미이다. 「のんびり(느긋함)」・「じっと(가만히)」 등의 표현과 함께 자주 사용된다. 명사는 「～ではいられない」로 접속한다.

うそばかりつく彼女とはもう親友ではいられない。거짓말만 하는 그녀와는 더 이상 친구로 있을 수 없다.

そんな大事な仕事を彼だけに任せてはいられない。그런 중요한 일을 그에게만 맡기고 있을 수는 없다.

● 체크　もうすぐ_____ _____ ★ _____いられない。

　　　　① 遊んでは　　② なので　　③ 本番　　④ のんびり

028
～てもかまわない/～なくてもかまわない
～해도 상관없다, ～해도 괜찮다/～하지 않아도 상관없다

● 접속 | 명사・동사・い형용사・な형용사의 て형/ない형

동사「かまう(마음을 쓰다, 상관하다)」를 활용한 문형으로,「て형」에 접속하면 어떤 동작을 해도 괜찮다는 허락, 허가를 의미하고, 반대로「ない형」에 접속하면 어떤 동작을 하지 않아도 괜찮다는 의미가 된다. 비슷한 의미의 표현으로는「～てもいい・～てもよろしい(～해도 된다, ～해도 좋다)」・「～なくてもいい・～なくてもよろしい(～하지 않아도 된다, ～하지 않아도 좋다)」가 있다.

先に帰ってもかまわないなら、お先に失礼します。 먼저 돌아가도 괜찮다면 먼저 실례하겠습니다.

人生でいつも一番じゃなくてもかまわないと思う。 인생에서 항상 일등이 아니어도 괜찮다고 생각한다.

● 체크   お金が(① ないでも   ② なくても)かまいませんよ。

029
～てもらえませんか/～てくれませんか
～해 줄 수 없겠습니까?

● 접속 | 동사의 て형

동사의 수수표현「～てもらう ～해 받다」・「～てくれる ～해 주다」를 활용한 표현이며, 상대방에게 무언가를 부탁하거나 의뢰할 때 사용한다.「～てもらえますか」・「～てくれますか」보다 정중한 표현이다.

もっと分かりやすく説明してもらえませんか。 좀 더 알기 쉽게 설명해 줄 수 없겠습니까?

関連書類は明日までに送ってくれませんか。 관련 서류는 내일까지 보내 주시지 않겠습니까?

● 체크   ここで_____ _____ ★ _____もらえませんか。

　　　① やめて　　② 騒ぐ　　③ 大勢で　　④ のは

030

～という/～というような
～라고 하는, ~라는/~라는 (듯한)

● 접속 | 명사 · 동사 · い형용사 · な형용사의 보통형(명사 · な형용사의 현재형 だ)

'~라고 하는', '~라는'이라는 의미의 인용 표현으로 명사를 수식한다. 실제 시험에서는 「~という」의 형태 이외에도 「~というような ~라는 (듯한)」·「~というように ~라는 식으로」·「~ということを ~라는 것을」·「~という点 ~라는 점」·「~というのが ~라고 하는 것이」·「~というより ~라고 하기보다」의 형태로 출제되었다.

ここは石垣という有名な島だけど、知ってる？
여기는 '이시가키'라고 하는 유명한 섬인데 알아?

どこが重要なのかということを考えながら進めて行きましょう。
어디가 중요한가라는 것을 생각하면서 진행해 갑시다.

あの顔は確かに「了解した」というような表情だった。
그 얼굴은 분명 '이해했다'라고 하는 표정이었다.

✓ 체크 尾幌駅＿＿＿ ＿★＿ ＿＿ ＿＿した。
① 列車は   ② 小さな駅に   ③ という   ④ 到着

031

～というのは ~라고 하는 것은, ~란

● 접속 | 명사

유사 표현 | ~とは ~라는 것은

문장의 주제나 화제를 나타내며, 그 주제에 해당하는 단어나 문구에 대해 설명하거나 정의할 때 사용한다. 「~とは ~라는 것은」과 비슷한 의미의 표현이며, 「~というのは ~のことだ ~라고 하는 것은 ~인 것이다」의 형태로 자주 사용된다.

「サービス残業」というのは残業代なしでする残業のことだ。
'서비스 잔업'이라고 하는 것은 잔업비 없이 하는 잔업을 말한다.

人生というのは思うままにならない時が多い。
인생이라고 하는 것은 생각대로 되지 않을 때가 많다.

漢字というのは書きながら覚えないと実力が伸びない。
한자라고 하는 것은 쓰면서 외우지 않으면 실력이 늘지 않는다.

✓ 체크   頭の大盛り(① というのは   ② といったのは)牛丼の肉だけを大盛りにすることです。

032

～といっても ～라고 하더라도

● 접속 | 명사・동사・い형용사・な형용사의 보통형

당연하다 생각되는 어떠한 내용이 실제로는 그렇지 않거나, 그 내용이 사실은 별로 중요하지 않다고 강조할 때 사용하는 표현이다. 명사와 な형용사의 현재형에서「だ」는 생략되는 경우도 있다.

歌手といっても、あまり知られていないです。
가수라고 해도 별로 알려져 있지 않습니다.

英語ができるといっても、日常会話くらいです。
영어를 할 수 있다고 해도 생활 회화 정도입니다.

給料が上がったといっても、あなたの半分にすぎないよ。
월급이 올랐다 하더라도 당신의 반에 불과해.

✓ 체크   名古屋に行った＿＿＿ ★ ＿＿＿ ＿＿＿だけです。

① いた   ② といっても   ③ 乗り換えで   ④ 一時間

033

～として/～としては/～としても

~로서/~로서는/~로서도

● 접속 | 명사

어떤 일에 대한 자격·입장·관점 등을 설명할 때 사용하며, 명사를 수식해야 하는 경우는 「～としての+명사(~로서의)」의 형태를 사용한다.

➕ 플러스) 명사+としても VS 보통형+としても 034

彼の行動は社会人として許されないと思う。
그의 행동은 사회인으로서 용서받지 못할 거라고 생각한다.

プロとしての初優勝にみんな喜んでいる。
프로로서의 첫 우승에 모두 기뻐하고 있다.

国民の反対が激しくて、政府としても困ることでしょう。
국민의 반대가 심해서 정부로서도 곤란할 것입니다.

✅ 체크 人気の観光地（① にして　② として）沖縄があります。

034

(もし)～としても・(もし)～としたって

(만약) ~라 하더라도

● 접속 | 명사·동사·い형용사·な형용사의 보통형

어떤 상황을 가정하고 그 상황으로부터 예상할 수 있는 결과가 실제로는 그렇지 않다고 하는 역접 표현이다. 「もし」 외에도 「仮に(가령)」・「たとえ(설령)」와 같은 표현과도 함께 사용된다. 「～としたって」는 회화체에서 주로 사용한다.

➕ 플러스) 보통형+としても VS 명사+としても 033

もし明日雨が降るとしても、約束したから行きます。
만약 내일 비가 내린다 하더라도 약속했으니까 가겠습니다.

たとえお金持ちだとしても、彼と結婚する気は全然ない。
설령 부자라 하더라도 그와 결혼할 마음은 전혀 없다.

狭くて古いとしたって、車があるだけでありがたい。
좁고 오래됐다 하더라도 차가 있는 것만으로도 감사하다.

✓ 체크 もし＿＿＿ ＿★＿ ＿＿＿ ＿＿＿出会いたい。

① としても   ② 生まれ変わった   ③ 君と   ④ また

035

(동사의 ます형)+直す 다시 ~하다

● 접속 | 동사의 ます형

동사의 「ます형」과 다른 동사를 접속하여 복합 동사를 만든다. 대표적인 표현으로는 「ます형+直す(다시 ~하다)」・「ます형+始める(~하기 시작하다)」・「ます형+出す(〈갑자기〉 ~하기 시작하다)」・「ます형+終わる(~끝나다)」・「ます형+続ける(계속해서 ~하다)」 등이 있다.

詳しい内容が決まったら後ほどかけ直します。
자세한 내용이 정해지면 나중에 다시 걸겠습니다.

ダイエットのために今月からヨガを習い始めた。
다이어트를 위해서 이번 달부터 요가를 배우기 시작했다.

飲み終わったペットボトルはリサイクルしよう。
다 마신 페트병은 재활용하자.

✓ 체크 人生、(① やって ② やり)直したい。

워밍업

1 한국어 해석을 참고로 괄호 안에 들어갈 말로 알맞은 것을 고르세요.

1. 北海道から沖縄に(　　)雨です。 홋카이도부터 오키나와에 걸쳐서 비입니다.

2. 昨日準備して(　　)資料を配ります。 어제 준비해 온 자료를 배부하겠습니다.

3. いつまでも子供では(　　)よ。 언제까지나 아이로 있을 수만은 없어.

4. 彼は約束を忘れている(　　)。 그는 약속을 잊고 있을지도 몰라.

5. 私の服を一緒に選んで(　　)か。 나의 옷을 함께 골라 주지 않겠습니까?

6. この店のコーヒーはS、M、L(　　)、三種類のサイズがある。
   이 가게의 커피는 S, M, L 과 같이 3종류의 사이즈가 있다.

7. 事故(　　)どこでも起きます。 사고라고 하는 것은 어디에서든지 일어납니다.

8. 若い(　　)僕はもう40歳ですよ。 젊다고 해도 나는 벌써 40세예요.

9. 彼はずっとテレビを見(　　)います。 그는 계속 TV를 보고 있습니다.

10. 嫌だったら来なくても(　　)よ。 싫다면 오지 않아도 괜찮아요.

---

① というのは　② 続けて　③ かもしれない　④ かけて
⑤ きた　⑥ かまいません　⑦ というように　⑧ もらえません
⑨ といっても　⑩ いられない

2 힌트를 참고로 괄호 안에 들어갈 알맞은 문형을 찾아 쓰세요.

11. おいしい( )といって、食べ過ぎですよ。

12. 今度のテスト、失敗した( )と思った。

13. 安かったといっても、5万円( )しました。

14. 彼のことが好きだ( )しても、彼はどう思っているかわからない。

15. 昼過ぎから夕方( )かけて、大雪になるでしょう。

> 힌트
> ①で ②も ③を ④から ⑤が ⑥か ⑦まで ⑧ので ⑨と ⑩に

3 다음 문장을 잘 읽고 괄호 안에 들어갈 말로 알맞은 것을 고르세요.

16. 鉛筆を持って(① こないで ② こなくて)もかまいませんよ。

17. 親(① としては ② にしては)子のことが心配です。

18. おなかの子が障害を持っている(① としたら ② としても)、私は産みたい。

19. 「BOOK」(① というのは ② というには)日本語で「本」です。

20. ストーブを(① 消して ② 消えて)くれませんか。

정답

1 ④ 2 ⑤ 3 ⑩ 4 ③ 5 ⑧ 6 ⑦ 7 ① 8 ⑨ 9 ② 10 ⑥
11 から 12 か 13 も 14 と 15 に 16 ② 17 ① 18 ② 19 ① 20 ①

問題1 つぎの文の(　　　)に入れるのに最もよいものを、1・2・3・4から一つえらびなさい。

1 体が丈夫だ(　　)、無理をしてはいけませんよ。

1　からして　　　2　から　　　　3　からといって　　4　からには

2 嵐には大野君、相葉ちゃん、松本潤(　　)メンバーがいます。

1　といっても　　2　というような　3　としても　　　4　というのは

3 まずい(　　)恋人の作ってくれた料理は全部食べます。

1　にしては　　　2　としては　　　3　としても　　　4　として

4 先生、お手洗いに(　　)よろしいでしょうか。

1　行っても　　　2　咲いても　　　3　洗っても　　　4　感じても

5 A「新宿までどうやって行ったらいいですか。」

　　B「ここから急行に乗って(　　)方がはやいですよ。」

1　いった　　　　2　きった　　　　3　きた　　　　　4　くる

6 この子は小学生(　　)、公文で高校レベルの数学を勉強しているんです。

1　といった　　　2　というように　3　という　　　　4　といっても

7 あの人は、また文句を(　　)始めたよ。

1　言え　　　　　2　言い　　　　　3　言う　　　　　4　言わ

8 A「池田君、来ないなあ。」

　　B「彼は遅刻魔だから、あと1時間は(　　)だろうと思うよ。」

1　来ない　　　　2　来る　　　　　3　遅い　　　　　4　遅くない

問題2　つぎの文の＿★＿に入る最もよいものを、1・2・3・4から一つえらびなさい。

9　頭＿＿＿＿ ＿★＿ ＿＿＿＿ ＿＿＿＿が痛い。どうしてだろう。
　1　全身　　　2　にかけて　　3　つま先　　4　から

10　A「津波だ。津波が来ているぞ。」
　　B「＿＿＿＿ ＿＿＿＿ ＿★＿ ＿＿＿＿。早く高い所に逃げよう。」
　1　いられない　2　して　　3　こう　　4　は

11　学生＿＿＿＿ ＿★＿ ＿＿＿＿ ＿＿＿＿ものです。
　1　というのは　　2　する　　3　一生懸命に　　4　勉強

12　明日のパーティーに＿＿＿＿ ＿★＿ ＿＿＿＿ ＿＿＿＿よ。
　1　連れて　　2　かまいません　　3　きても　　4　誰かを

13　堀江貴文は社長と＿＿＿＿ ＿＿＿＿ ＿★＿ ＿＿＿＿でした。
　1　有名　　2　としても　　3　しても　　4　タレント

14　今回の＿＿＿＿ ＿＿＿＿ ＿★＿ ＿＿＿＿か。
　1　任せて　　2　私に　　3　くれません　　4　司会は

15　もし明日までに＿＿＿＿ ＿★＿ ＿＿＿＿ ＿＿＿＿。
　1　届かなかったら　　　　2　かもしれません
　3　申し込み書が　　　　　4　参加できない

16　私は、もし＿＿＿＿ ＿＿＿＿ ＿★＿ ＿＿＿＿交番に届けます。
　1　拾った　　2　必ず　　3　十万円を　　4　としても

합격 공략 | 실전 연습 03

問題3 つぎの文章を読んで、文章全体の内容を考えて 17 から 21 の中に入る最もよいものを、1・2・3・4から一つえらびなさい。

　　留学生20人が学ぶ教室内で、授業を聞いている学生はほとんどいない。スマホで何かを見たり、同じ国のクラスメイトと話をしたりしている。居眠りしている学生もいる。東京のT日本語学校の授業の雰囲気だ。ウズベキスタン人の男子学生は「日本に来て3か月ですが、 17 自分の名前もうまく書けません。ですから文字が書けなくてもかまわない弁当会社の工場で毎朝7時からアルバイトをしています。収入の 18 は学費や生活費に使っています。勉強してお金を貯めたかったのに、ストレスばかりたまっています。」と話していた。

　　この日本語学校で働いていた40代の日本人男性教員は「留学生の60％は働くことが目的でした。日本に来たときからお金がなくて、バイトを一生懸命にする学生が多かったです。勉強する 19 のあった学生も、バイトばかりしていて、だんだんと体が、 20 。」と話していた。

　　また、「単純作業の職場は常に人手不足で、『日本語能力ゼロでもOK』 21 募集もありました。学生が学費が払えなくなると、日本語学校の経営も危なくなります。学校が生き残るために学生にアルバイトを紹介していました。」とも話していた。

17
1　もう　　　　2　まだ　　　　3　もし　　　　4　すでに

18
1　ほとんど　　2　しばらく　　3　非常に　　　4　いきなり

19
1　足　　　　　2　鼻　　　　　3　心　　　　　4　気

20
1　ぼろぼろになってきます　　　2　ぼろぼろになっていきました
3　ひらひらになりました　　　　4　ひらひらになっています

21
1　というような　　　　　2　としての
3　からといって　　　　　4　といったように

합격 공략 | 동사 활용 문형 2

036

～に代わって・～に代わり ～을 대신해서

- **접속** | 명사

  유사 표현 | ～代わりに ～을 대신하여

누군가를 대신하여 어떤 행동을 하거나 어떤 것을 다른 것으로 대체한다는 의미이며, 동사 「代わる(대신하다, 대리하다)」를 활용한 문형이다.

子供本人に代わって、申し込むことができる。 아이 본인을 대신하여 신청하는 것이 가능하다.
友達に代わって、僕が合コンに出た。 친구를 대신해 내가 미팅에 나갔다.

✔ 체크 親が息子に(① 代わって ② 代わりに)謝る。

037

～に関して/～に関しては/～に関しても

～에 관해서/～에 관해서는/～에 관해서도

- **접속** | 명사

  유사 표현 | ～について ～에 대해서

어떤 것에 관련된 내용에 대해서 말할 때 사용한다. 「～について」와 비슷한 표현이지만 좀 더 딱딱한 표현이다. 「～に関する・～に関しての＋명사(～에 관한)」의 형태로 명사를 수식한다.

その件に関しては、一切気にしていません。 그 건에 관해서는 전혀 신경 쓰지 않습니다.
健康に関する情報は全部そろっている。 건강에 관한 정보는 모두 모여 있다.

✔ 체크 PM2.5(① を ② に)関して、対策会議が開かれた。

038

～に比べて/～と比べて　～에 비해서/～와 비교해서

● 접속 | 명사/동사의

두 가지의 내용을 비교하여 설명할 때 사용하는 표현으로 「～に比べると(～와 비교하면)」의 형태로도 사용할 수 있다.

頑張ったのに比べて、結果が良くなくてがっかりしている。
열심히 한 것에 비해 결과가 좋지 않아서 실망했다.

寮は一般のマンションと比べて家賃がやすい。 기숙사는 일반 아파트와 비교해서 집세가 싸다.

✓ 체크　今年の＿＿＿＿＿ ★ ＿＿＿＿＿ ＿＿＿＿＿そんなに寒くなかった。
　　　① に比べて　　② 去年の　　③ 冬　　④ 冬は

039

～に応えて　～에 부응하여, ～을 수용해서

● 접속 | 명사

동사「応える(부응하다)」를 활용한 문형이며, 제시하는 요구나 희망・기대 등이 실현될 수 있도록 어떤 행동을 한다는 의미이다. 「～に応える・～に応えた＋명사(～에 부응한)」의 형태로 명사를 수식한다.

政府は国民の要求に応えて、税金を下げることにした。
정부는 국민의 요구를 수용해서 세금을 내리기로 했다.

お客さんの声に応えてリニューアルオープンした。 고객의 소리를 수용하여 리뉴얼 오픈했다.

✓ 체크　親の＿＿＿＿＿ ＿＿＿＿＿ ★ ＿＿＿＿＿進みました。
　　　① 期待　　② 医学部　　③ にこたえて　　④ に

040

～にしたがって・～にしたがい ～에 따라서

● 접속 ｜ 명사/동사의 사전형

　유사 표현 ｜ ～につれて ～에 따라서

동사「従う(따라가다, 따르다)」를 활용한 문형으로,
(1) 어떠한 명령이나 지시에 따라 행동한다는 의미이다.
(2) 하나의 변화가 다른 변화를 가져온다는 표현이다.

地震の時は先生の指示にしたがって行動してください。(1)
지진 때는 선생님의 지시에 **따라서** 행동해 주세요.

仕事に慣れるにしたがって、残業をしなくなった。(2)
일에 익숙해짐에 **따라서** 잔업을 하지 않게 되었다.

息子は成長するにしたがって、男らしくなってきた。(2)
아들은 성장함에 **따라서** 남자다워졌다.

✓ 체크　子供が成長(① した　② する)にしたがって、教育費もかかります。

041

～にすぎない ～에 지나지 않는다, ～에 불과하다

● 접속 ｜ 명사(である)/な형용사의 어간(である)/동사・い형용사의 보통형

어떤 것이 그다지 중요한 내용이 아니라는 것을 강조하는 표현이다. 본인의 일에 사용하면 겸손한 느낌을 주지만, 타인의 일에 사용하면 비판이나 낮은 평가를 의미한다. 동사「過ぎる(지나다, 넘다)」를 활용한 문형이다.

私は冗談を言ったにすぎないのに、友達はすごく怒った。
나는 농담으로 말한 것에 지나지 않는데 친구는 엄청 화를 냈다.

こんな話はうわさにすぎない場合が多い。
이런 이야기는 소문에 불과한 경우가 많다.

このデータは実際に必要な量の一部にすぎない。
이 데이터는 실제로 필요한 양의 일부에 지나지 않는다.

✓ 체크　単なる言い訳に（① 過ぎます　② 過ぎません）よ。

042

～に対して/～に対しても/～に対しては
～에 대해서/～에 대해서도/～에 대해서는

● 접속 | 명사/동사의/い형용사의/な형용사의 어간なの

(1) 어떠한 동작이나 감정이 향하는 대상을 말할 때 사용하는 표현이다. '～에게'라고 해석하는 것이 자연스러운 경우가 많다. 「～に対する・～に対した・～に対しての+명사(～에 대한)」의 형태로 명사를 수식한다.
(2) '～에 비해서'라고 해석하며, 「～のに対して」의 형태로 대비되는 두 가지 내용에 대해 설명할 때 사용된다.

⊕ 플러스 ～に対して VS ～について 044

被害を受けた方々に対して補助金を支給している。(1)
피해를 입은 분들에 대해 보조금을 지급하고 있다.

最近、税金に対する国民の不満が高まっている。(1)
최근에 세금에 대한 국민의 불만이 높아지고 있다.

彼女は活発で明るいのに対して、妹は静かでおとなしい。(2)
그녀는 활발하고 밝은 것에 비해서 여동생은 조용하고 차분하다.

✓ 체크　その＿＿＿　＿＿＿　★＿＿＿ですよ。

　　　　① セクハラ　② に対する　③ 彼女　④ 行動は

043

〜に違(ちが)いない　〜임이 틀림없다/분명 〜할 것이다

- 접속 | 명사·동사·い형용사·な형용사의 보통형(명사·な형용사의 현재형 だ)

동사 「違う(다르다)」를 활용한 문형이며, 어떠한 근거를 바탕으로 말하는 사람이 강하게 확신하여 말할 때 사용한다. 자신의 추측을 스스로 확인하고 납득하는 경우나 마음 속의 생각 등을 표현하는 혼잣말에 주로 사용된다.

彼(かれ)の表情(ひょうじょう)を見(み)ると、きっと怒(おこ)っているに違(ちが)いない。 그의 표정을 보면 분명히 화난 것이 틀림없다.

親(おや)にとって子供(こども)は一番大切(いちばんたいせつ)な存在(そんざい)であるに違(ちが)いない。
부모에게 있어서 아이는 가장 중요한 존재임이 틀림없다.

✓ 체크　月(つき)がきれいだ。明日(あした)も天気(てんき)が良(よ)い（① に　② と）違(ちが)いない。

044

〜について　〜에 대해서

- 접속 | 명사

유사 표현 | 〜に関して 〜に関して

어떤 주제에 관한 내용에 대해 설명하거나 생각하는 등의 동작을 표현할 때 사용한다. 그 주제에 대해 깊게 파고든다는 뉘앙스의 표현이며, 「〜についての＋명사(〜에 대한)」의 형태로 명사를 수식한다. 「〜に対して」와 한국어 해석이 같아 헷갈릴 수 있으나 「〜に対して」는 '행위의 대상'을 표현하고, 「〜について」는 '해당 주제의 내용'에 대해서 설명한다는 점이 다르다.

➕ 플러스　〜について VS 〜に対して　042

このプログラムの使(つか)い方(かた)についてご説明(せつめい)します。 이 프로그램의 사용법에 대해서 설명하겠습니다.

プライベートについてのご質問(しつもん)はご遠慮(えんりょ)ください。 프라이버시에 대한 질문은 삼가 주세요.

✓ 체크　今回(こんかい)の＿＿＿　＿＿＿★＿＿＿　＿＿＿が始(はじ)まった。

　　　① 事故(じこ)の　　② について　　③ 調査(ちょうさ)　　④ 原因(げんいん)

045

～につれて ~함에 따라서

● 접속 | 명사/동사의 사전형

● 유사 표현 | ～にしたがって ~함에 따라서

어떠한 변화가 또 다른 변화를 초래한다는 의미의 표현이다. 앞뒤 문장 모두에 변화를 나타내는 말이 오며 뒤 문장에는 변화의 결과를 제시하게 된다. 따라서 의지나 권유와 같은 표현은 사용할 수 없고, 일회성으로 끝나는 변화에는 쓰이지 않는다. 문장체에서는 「～につれ」의 형태로 사용된다.

彼女は年を取るにつれて、美人になっていきますね。
그녀는 나이를 먹어 감에 따라 미인이 되어 가네요.

スマホの普及につれて、私たちの生活はずいぶんと便利になった。
스마트폰의 보급에 따라서 우리들의 생활은 상당히 편리해졌다.

✓ 체크   年を＿＿＿ ＿＿＿ ★ ＿＿＿なった。

① につれて   ② 取る   ③ ひどく   ④ 物忘れが

046

～にとって/～にとっても/～にとっては

~에게 있어서/~에게 있어서도/~에게 있어서는

● 접속 | 명사

대부분 사람을 나타내는 명사에 접속하여 그 사람의 입장이나 시점을 표현할 때 사용한다. 뒤 문장에는 말하는 사람의 평가나 판단이 오는 경우가 많고, 명사를 수식하는 경우는 「～にとっての+명사(~에게 있어서의)」 형태로 사용한다.

外国人にとってそれは確かに差別である。 외국인에게 있어서 그것은 분명히 차별이다.

それは鈴木さんにとっても悪くない条件です。 그것은 스즈키 씨에게 있어서도 나쁘지 않은 조건입니다.

✓ 체크   私(① に ② と)とって、これくらいは朝飯前です。

047

～に向(む)いている ～에 적합하다, ～에 알맞다

● 접속 | 명사

동사「向く(향하다)」를 활용한 문형이며, 어떤 직업이나 상황이 자신의 적성에 맞는다는 의미이다. 「～に向いた・～に向いている+명사(～에 적합한)」의 형태로 명사를 수식한다. '～에 적합하지 않다'라는 부정 표현은「～に向いていない」의 형태를 사용한다.

このタイヤは冬(ふゆ)に向(む)いている。 이 타이어는 겨울에 적합하다.

この靴(くつ)は山(やま)を登(のぼ)るには向(む)いていない。 이 신발은 산을 오르기에는 적합하지 않다.

✅ 체크 君(きみ)はこの仕事(しごと)に(① 向(む)けている ② 向(む)いている)よ。

048

～によって・～により/～による

～에 의해, ～에 따라/～에 의한, ～에 따른

● 접속 | 명사

(1) 원인·이유·근거·결과·동작주를 나타내거나 수단이나 방법을 표현한다.
(2) 앞 문장의 내용에 따라 뒤에 오는 내용이 달라진다는 의미도 있다.
(3) 수동문의 동작 주체가 유명인, 사물, 또는 특정할 수 없는 경우에「～に」를 대신하여 사용한다.

最近(さいきん)、未成年者(みせいねんしゃ)による事件(じけん)が増(ふ)えている。 (1) 최근에 미성년자에 의한 사건이 증가하고 있다.

場合(ばあい)によっては予約(よやく)を受(う)け付(つ)けられないこともあります。 (2)
경우에 따라서는 예약을 받을 수 없는 경우도 있습니다.

この絵(え)はピカソによって描(か)かれた。 (3) 이 그림은 피카소에 의해 그려졌다.

✅ 체크 台風(たいふう)＿＿＿ ＿★＿ ＿＿＿ ＿＿＿被害(ひがい)が出(で)た。

①　によって　　②　大(おお)きな　　③　では　　④　この地方(ちほう)

049

～にわたって・～にわたり ～에 걸쳐서

● 접속 | 명사

장소·시간 등의 범위를 나타내며, 어떠한 영향이 그 범위 전체에 미친다는 의미이다. 「～にわたった・～にわたる＋명사(～에 걸친)」의 형태로 명사를 수식한다. 동사「渡る(건너다, 지나다)」를 활용한 문형이다.

➕ 플러스 ～にわたって VS ～から ～にかけて 023

一年にわたって就活をしたけど、結局だめだった。 1년에 걸쳐서 구직 활동을 했지만 결국 실패했다.
3日にわたる大雪でたくさんの被害を受けた。 3일에 걸친 폭설로 많은 피해를 입었다.

✅ 체크 この店は＿＿＿ ★ ＿＿＿ ＿＿＿のある店です。
　　① 歴史　② 120年　③ にわたって　④ 営業している

050

～を通して・～を通じて ～을 통해서/～을 통틀어

● 접속 | 명사

동사「通す(통과시키다)」·「通じる(통하다)」를 활용한 표현이다.
(1) 어떤 것이 매개체나 수단이 된다는 의미이다.
(2) 시간을 나타내는 명사와 함께 쓰여 어떤 동작을 계속하거나 어떠한 상태가 지속되는 기간의 범위를 표현한다.

子供は思春期を通して大人になっていくものだ。(1) 아이는 사춘기를 통해서 어른이 되어 가는 법이다.
ここは一年を通して雨の降る日が多い。(2) 이곳은 일년을 통틀어 비가 내리는 날이 많다.

✅ 체크 インターネット(① を　② に)通じて、世界中の人々と知り合いになった。

워밍업

1 한국어 해석을 참고로 괄호 안에 들어갈 말로 알맞은 것을 고르세요.

1. 大阪市と( )横浜市の人口の方が多い。
   오사카 시와 비교해서 요코하마 시의 인구 쪽이 많다.

2. 町の発展( )緑が少なくなってきた。 마을이 발전함에 따라서 녹지가 줄어들었다.

3. この道路は天候( )通行止めになることもある。
   이 도로는 날씨에 따라서 통행 금지가 되는 경우도 있다.

4. ニュースを( )事件を知りました。 뉴스를 통해서 사건을 알았습니다.

5. 全国( )雨模様です。 전국에 걸쳐서 비가 올 것 같습니다.

6. 親( )そんな言い方をしてはいけません。 부모에게 그렇게 말하면 안 됩니다.

7. 冷蔵庫のケーキがない。妹が食べた( )。
   냉장고의 케이크가 없다. 여동생이 먹은 것이 틀림없다.

8. 彼女の性格は専業主婦( )。 그녀의 성격은 전업 주부에 맞지 않는다.

9. 指示( )行いました。 지시에 따라서 실시하였습니다.

10. 北朝鮮( )情報を聞いた。 북한에 관한 정보를 들었다.

---

① に関しての   ② に違いない   ③ によって   ④ につれて   ⑤ に対して
⑥ に向いていない   ⑦ にわたって   ⑧ に従って   ⑨ 通して   ⑩ 比べて

2 힌트를 참고로 괄호 안에 들어갈 알맞은 문형을 찾아 쓰세요.

11. 両親（　　）通して話を聞きました。

12. 橋本さんは電車の運転手（　　）向いていますね。

13. 私（　　）とっては大事なことです。

14. 日本の経済（　　）ついて研究をしている。

15. お客様の声（　　）応えて、営業時間を見直しました。

> **힌트**
> ①に ②と ③を ④に ⑤は ⑥か ⑦から ⑧ので ⑨と ⑩で

3 다음 문장을 잘 읽고 괄호 안에 들어갈 말로 알맞은 것을 고르세요.

16. 兄に（① 代わり　② より）私が来ました。

17. 彼は成績が（① いい　② 悪い）に過ぎないよ。授業態度は悪いよ。

18. 弟には彼女が（① いる　② いるの）に対して、兄にはいません。

19. 夕日がきれいだ。明日も（① 晴れた　② 晴れる）に違いない。

20. 30か国（① にわたり　② をわたって）旅をしました。

◆ **정답**

1 ⑩ 2 ④⑧ 3 ③ 4 ⑨ 5 ⑦ 6 ⑤ 7 ② 8 ⑥ 9 ⑧ 10 ①
11 を 12 に 13 に 14 に 15 に 16 ① 17 ① 18 ② 19 ② 20 ①

합격 공략 | 실전 연습 04

問題1 つぎの文の(　　　)に入れるのに最もよいものを、1・2・3・4から一つえらびなさい。

1 A 「町田さんのうちは、銀座なんですよ。」
　　B 「へえ、そうなんですか。お金持ちに(　　)ね。」
　　1　違いありません　　　　2　関します
　　3　わけにはいかない　　　4　対してです

2 僕は社員の一人(　　)。会社を変える力はないんです。
　　1　に過ぎません　2　によります　3　のおかげです　4　以上です

3 細かい作業が上手だね。君は技術職に(　　)いるよ。
　　1　比べて　　2　つれて　　3　向いて　　4　関して

4 台風に(　　)、午後から電車の運行は取りやめます。
　　1　応えて　　2　ついて　　3　より　　4　代わって

5 パスワードの扱いに(　　)説明を、今からします。
　　1　よっての　　2　とっての　　3　つれての　　4　関しての

6 物価が(　　)につれて、暮らしが苦しくなってきた。
　　1　上がる　　2　上がった　　3　下がる　　4　下がった

7 沖縄の夏は東京の夏に(　　)、思ったより涼しいですよ。
　　1　したがって　2　比べると　3　とって　4　よって

8 長時間(　　)停電で、生活に支障があった。
　　1　に代わる　　2　に代わって　　3　にわたって　　4　にわたる

問題2 つぎの文の ★ に入る最もよいものを、1・2・3・4から一つえらびなさい。

9 この店のラーメンは＿＿＿ ＿＿＿ ★ ＿＿＿は、まずいよ。
1 あの店の　　2 のに　　3 おいしい　　4 対して

10 世界史＿＿＿ ＿＿＿ ★ ＿＿＿ですか。
1 について　　2 生徒は　　3 詳しい　　4 誰

11 この機械を＿＿＿ ★ ＿＿＿ ＿＿＿行ってください。
1 時は　　2 動かす　　3 にしたがって　　4 マニュアル

12 会場のファンの＿＿＿ ★ ＿＿＿ ＿＿＿歌います。
1 1曲　　2 もう　　3 アンコール　　4 に応えて

13 この情報は＿＿＿ ＿＿＿ ★ ＿＿＿役立つと思います。
1 探している　　2 にとっても　　3 人　　4 仕事を

14 数年＿＿＿ ＿＿＿ ★ ＿＿＿新しい薬ができました。
1 研究の　　2 にわたる　　3 やっと　　4 結果

15 医学の進歩＿＿＿ ★ ＿＿＿ ＿＿＿下がりました。
1 死亡率は　　2 大きく　　3 人の　　4 によって

16 A「野村さんから遅刻すると電話がありました。」
　 B「それでは、会議には野村さん＿＿＿ ＿＿＿ ★ ＿＿＿か。」
1 を　　2 に代わって　　3 出しましょう　　4 鈴木さん

합격 공략 | 실전 연습 04

問題3 つぎの文章を読んで、文章全体の内容を考えて 17 から 21 の中に入る最もよいものを、1・2・3・4から一つえらびなさい。

「若者の『内向き志向』は本当か。」

今の若者は外国について関心がなく、留学にもあまり行かない内向き志向だという。ある調査 17 新入社員の60.4％が「海外で働きたいと思わない。」と回答している。この点 18 大学で国際経営の科目を担当している筆者の経験を今から話したい。

はじめはそのような国際経営を学ぶ学生の多くは、海外に関心や興味を持っていると思っていた。しかし毎年最初の講義で「海外で働きたい人は？」と質問すると、 19 反応が返ってくる。

しかし大学で講義回数が進み、日本の世界・アジアでのポジションや変化、アジアの発展の様子、グローバルな環境下での日本の若者のチャンスといった話を聞く 20 、だんだんと学生の考えは大きく変化してくる。

最終講義が近づくころには「もっと早く、高校生の時に、このような話が聞きたかった。そうすれば海外への留学や語学の勉強とか、もっといろいろな事に熱心にできたと思う。」という感想が増える。実際に卒業してしばらくしてから、「インドネシアやベトナムなどで会社を作りたい。」という相談もある。

日本の若者が内向きだというのは、海外やグローバルな知識、視点を伝えていなかったり、そのようなことを 21 考える機会が少ないことが、その大きな理由だと私は考える。

17
1　によると　　　2　について　　　3　にしたがって　　4　にとって

18
1　にかわって　　2　に関して　　　3　にとって　　　　4　にわたって

19
1　経済的な　　　2　本格的な　　　3　消極的な　　　　4　積極的な

20
1　に向いて　　　2　にとって　　　3　について　　　　4　につれて

21
1　深く　　　　　2　浅く　　　　　3　高く　　　　　　4　低く

합격 공략 | 조사 활용 문형

051

～かどうか　～인지 어떤지, ～할지 어떨지

● 접속 | 명사・동사・い형용사・な형용사의 보통형(명사・な형용사 현재형 だ)

어떤 내용에 대해 확실하게 말할 수 없을 때 사용하는 표현으로, 「分からない(모르겠다)」와 함께 사용되는 경우가 많고, 「～か ～ないか(～인지 ～아닌지)」의 형태로도 자주 사용된다.

昨日のことを友達に言うべきかどうか迷っています。
어제 일을 친구에게 말해야 할지 어떨지 고민하고 있습니다.

顔だけ見て真面目かどうか分かるなんてうそだ。
얼굴만 보고 성실한지 어떤지 알 수 있다니 거짓말이다.

✅ 체크　最近、(① 別れる　② 別れて)かどうか、友美と話し合った。

052

～くらい ～はない・～ほど ～はない　～만큼 ～은 없다

● 접속 | 명사/동사・い형용사・な형용사의 명사 수식형

말하는 사람이 주관적으로 최고라고 생각하는 상태를 강조하여 말할 때 사용하며, 이때 「～くらい/～ほど」 뒤에는 부정 표현이 온다.

運動くらい健康にいいことはない。 운동만큼 건강에 좋은 것은 없다.

真夏のビールほどおいしいものはない。 한여름의 맥주만큼 맛있는 것은 없다.

ゆったりとした一時を過ごすには、温泉ほどいい所はない。
편안한 한때를 보내려면 온천만큼 좋은 곳은 없다.

✅ 체크　漢字を覚える(① くらい　② しか)難しいことはない。

053

～くらい/～くらいだ　~정도/~정도이다

● 접속 ｜ 명사/동사・い형용사・な형용사의 명사 수식형

유사 표현 ｜ ～ほど/～ほどだ ~정도・～만큼/~정도이다

제시하는 상태가 어느 정도인지를 예를 들어 설명하는 표현이다.

車が通れないくらいたくさんの雪が降った。 차가 지나다닐 수 없을 정도로 많은 눈이 왔다.
これぐらいの簡単な問題は一人で解決しなさいよ。 이 정도의 간단한 문제는 혼자서 해결해라.
昨日は疲れて、顔を洗う元気もないくらいだった。 어제는 피곤해서 세수를 할 기운도 없을 정도였다.

✅ 체크　アメリカの ＿＿＿ ＿＿＿ ★ ＿＿＿です。
　　①　日本の　　②　面積は　　③　25倍　　④　くらい

054

～さえ・～でさえ　~조차, ~조차도

● 접속 ｜ 명사

당연하다고 생각되는 어떤 일을 극단적으로 예를 들어 설명할 때 사용한다. 주격에는 「～でさえ」 형태로도 사용된다.

疲れすぎて、食事さえできない。 너무 피곤해서 식사조차 할 수 없다.
親にさえ言わないで結婚を決めた。 부모님에게조차 말하지 않고 결혼을 결정했다.
子供でさえ解ける簡単な問題なのに、恥ずかしいね。
아이조차 풀 수 있는 간단한 문제인데, 부끄럽네.

✅ 체크　ドイツ語は簡単なあいさつ(①　だけ　②　さえ)できません。

055

～しかない ~할 수밖에 없다

- 접속 | 동사의 사전형

어떤 사정이나 이유로 인해서 그렇게 할 수밖에 없다는 의미이다. 조사「～しか(~밖에)」를 응용한 표현이다.

この件は担当者である私が責任を取るしかない。 이번 건은 담당자인 내가 책임을 질 수밖에 없다.

一旦始めた以上は、最後まで頑張るしかない。 일단 시작한 이상은 마지막까지 열심히 할 수밖에 없다.

もう仕方がないから、我慢して待つしかない。 더 이상 방법이 없으니까 참고 기다리는 수밖에 없다.

✅ 체크 最後まで内緒に(① する ② すること)しかありません。

056

～だけで(は)なく(て) ~뿐만 아니라

- 접속 | 명사/동사・い형용사・な형용사의 명사 수식형
- 유사 표현 | ～ばかりで(は)なく・～ばかりか ~뿐만 아니라

어떤 내용에 정도가 심한 다른 내용을 추가한다는 뜻으로,「～ばかりでなく・～ばかりか(~뿐만 아니라)」와 같은 의미이다. 회화에서는「～だけじゃなくて」의 형태가 자주 쓰인다.

肉だけでなく、いろんな物をバランスよく食べないといけない。
고기뿐만 아니라 여러 가지 것을 균형 있게 먹어야 한다.

ここはおいしいだけではなく、値段も手頃です。 이곳은 맛있을 뿐만 아니라 가격도 적당합니다.

今月は出張だけでなくて、プレゼンまであって大変です。
이번 달은 출장뿐만 아니라 프레젠테이션까지 있어서 힘듭니다.

✅ 체크 乗車券(① だけでなく ② だけしかなく)特急券も必要です。

057

～たばかりだ　막 ～했다, ～한 지 얼마 안 되다

● 접속 | 동사의 た형

어떤 동작을 끝내고 시간이 얼마 지나지 않았음을 말할 때 사용하는 표 비슷한 의미의 표현으로 「～たところだ」가 있다. 하지만 「～ばかりだ」는 실제로 동작을 한 후에 시간이 꽤 지났어도 말하는 사람이 심리적으로 짧다고 느끼면 사용할 수 있지만, 「～たところだ」는 실제로 그 일이 일어난 바로 직후에만 사용할 수 있다는 점이 다르다.

➕ 플러스 ～たばかりだ VS ～たところだ 109

空港に着いたばかりです。今からそちらに向かいます。
공항에 막 도착했습니다. 지금 그쪽으로 가겠습니다.

出会ったばかりの二人は来月結婚するそうだ。 만난 지 얼마 안 된 두 사람은 다음 달에 결혼한다고 한다.

✅ 체크　昨日_____ ★ _____ _____忘れてしまいました。
　　　① 単語を　　② もう　　③ ばかりの　　④ 覚えた

058

～てばかりいる　～만 하고 있다

● 접속 | 동사의 て형

어떤 특정한 동작을 계속하고 있다는 의미이며, 말하는 사람의 부정적인 뉘앙스가 드러나는 표현이다.

細かいことを気にしてばかりいると、ストレスがたまる。
작은 일을 신경 쓰고만 있으면 스트레스가 쌓인다.

翻訳アプリに頼ってばかりいると、実力が伸びません。 번역 앱에 의지하기만 하면 실력이 늘지 않습니다.

✅ 체크　石川君は毎日_____ ★ _____ _____体は大丈夫なのかな。
　　　① 飲んで　　② けど　　③ お酒を　　④ ばかりいる

059

～てばかりはいられない　~하고 있을 수만은 없다

● 접속 | 동사의 て형

현재 안심할 수 없는 상황이므로 어떤 동작을 계속하거나 그 상태를 계속 유지할 수 없다는 의미이다.

昔のように人手だけに頼ってばかりはいられない時代だ。
옛날처럼 사람의 손에만 의지하고 있어서는 안 되는 시대이다.

試験に落ちたからといって、泣いてばかりはいられない。
시험에 떨어졌다고 해서 울고 있을 수만은 없다.

もう時間がないから、待ってばかりはいられない。 더 이상 시간이 없으니까 기다리고 있을 수만은 없다.

✓ 체크　高3だから、遊んで(① ほど　② ばかり)はいられないよ。

060

～とは　~하다니, ~라니

● 접속 | 명사・동사・い형용사・な형용사의 보통형

뜻밖의 사실에 대한 놀람이나 감탄을 나타내는 표현이다.

この僕が予選で落ちるとはショックでたまらない。 내가 예선에서 떨어지다니 너무나도 충격이다.

異常気象といってもこんなに暑いとは、実に驚きですね。
이상 기후라고 해도 이렇게 덥다니, 실로 놀랍군요.

あの話が実はうそだったとは夢にも思わなかった。
그 이야기가 사실은 거짓말이었다니 꿈에도 생각하지 못했다.

✓ 체크　なくしたかぎがここにあった(① には　② とは)驚いた。

061

～なんか・～なんて・～など ～같은 것, ~따위

● 접속 | 명사

타인에게 관련된 일에 사용하면 '무시, 경멸'을 의미하고, 본인의 일에 사용하면 '겸손'을 나타낸다. 「～など」보다는 「～なんか」・「～なんて」쪽이 더 부드러운 회화체 표현이다.

私なんかにこんな幸せが来ることはないと思っていた。
나 따위에게 이런 행복이 찾아올 일은 없을 거라고 생각했었다.

彼はお金なんて欲しくないと言ってるけど、嘘だと思う。
그는 돈 같은 건 갖고 싶지 않다고 하지만 거짓말이라고 생각한다.

✓ 체크   シャネルのバッグ_____ ★ _____ _____ができません。
   ① こと   ② 高くて   ③ なんて   ④ 私は買う

062

～には ~하려면

● 접속 | 동사의 사전형

유사 표현 | ～ためには ~위해서는

어떤 목적을 달성하기 위해 꼭 필요한 내용을 말할 때 사용한다.

京都大学に入るには、TOFELの成績が必要だ。 교토 대학에 들어가려면 토플 성적이 필요하다.

本当の大人になるには、たくさんの経験をした方がいい。
진정한 어른이 되려면 많은 경험을 하는 편이 좋다.

✓ 체크   ジブリ美術館に_____ ★ _____ _____を買う必要があるよ。
   ① チケット   ② 行く   ③ 事前に   ④ には

063

～ばかりで(は)なく・～ばかりか ~뿐만 아니라

- **접속** | 명사/동사・い형용사・な형용사의 명사 수식형
- **유사 표현** | ～だけで(は)なく ～뿐만 아니라

어떤 내용에 정도가 심한 다른 내용을 추가한다는 의미이다. 뒷부분에는 「も」・「まで」・「さえ」 등의 조사가 자주 쓰인다.

彼はかっこいいばかりではなく、誰にでも優しい。 그는 멋있을 뿐 아니라 누구에게나 다정하다.

この店はコーヒーばかりか、ランチも楽しめる。 이 가게는 커피뿐만 아니라 런치도 즐길 수 있다.

✅ **체크**　今日は暑い(① だけか　② ばかりか)湿度も高い。

064

～ばかりで/～ばかりだ ~하기만 해서(하고)/~하기만 하다

- **접속** | 동사의 사전형

어떤 변화가 부정적인 방향으로만 계속해서 진행되고 있다는 의미이다. 변화를 나타내는 동사와 함께 쓰인다. N2문형에 해당하는 「～一方だ(~하기만 하다)」와 유사한 의미의 표현이다. 「～ばかりで」는 동사・い형용사・な형용사의 명사 수식형에 접속하여 제시하는 내용을 부정적으로 강조하여 말할 때 사용한다 예 サウナなんか熱いばかりで、全然いいと思わない。 사우나 같은 거 뜨겁기만 하지 전혀 좋다는 생각이 안 들어.

殺人事件が多くなるばかりで、不安感が高まっている。
살인 사건이 계속 많아지기만 해서 불안감이 고조되고 있다.

勉強しても、分からないところが増えるばかりです。 공부해도 모르는 내용이 늘어나기만 합니다.

✅ **체크**　野中さんは(① 聞いている　② 聞いていた)ばかりで、自分の意見を一つも言わない。

065

～ほど/～ほどだ ~만큼・~정도/~정도이다

● 접속 | 명사/동사・い형용사・な형용사의 명사 수식형

(1) 앞에서 말한 상황에 대해 예를 들어 그 정도를 설명할 때 사용한다.「～くらい(だ)」와 바꿔서 쓸 수 있지만, 부정 표현은「～ほどではない」만 사용이 가능하다.

  예 薬を飲むほどではない。 약을 먹을 정도는 아니다. (○)
    薬を飲むくらいではない。 (×)

(2) 정도가 약간 다른 두 가지를 단순 비교할 때 사용한다. 이 경우에는「くらい」로 바꿔 사용할 수 없다.

今この場で決められるほど簡単な問題ではない。(1)
지금 이 자리에서 결정할 수 있을 만큼 간단한 문제가 아니다.

彼の英語の実力は通訳ができるほどだ。(1)
그의 영어 실력은 통역이 가능할 정도다.

日本語の勉強も大変だけど、中国語ほどではない。(2)
일본어 공부도 힘들지만, 중국어만큼은 아니다.

✓ 체크   この映画を見て＿＿＿ ＿＿＿ ★ ＿＿＿した。

① 出る　　② 涙が　　③ ほど　　④ 感動

워밍업

1 한국어 해석을 참고로 괄호 안에 들어갈 말로 알맞은 것을 고르세요.

1. 宮古島（　　）美しい海はないと思っているよ。
   미야코 섬만큼 아름다운 바다는 없다고 생각해.

2. 午前２時だ。タクシーで帰る（　　）ないな。 오전 2시야. 택시로 돌아갈 수밖에 없네.

3. 風が冷たくて、顔が痛い（　　）だった。 바람이 차가워서 얼굴이 아플 정도였다.

4. ゆみさんはかわいい（　　）、心も美しい。 유미 씨는 귀여울 뿐 아니라 마음도 예쁘다.

5. まんがを読んで（　　）いる。 만화를 읽기만 하고 있다.

6. この仕事を続けるか（　　）迷っている。 이 일을 계속할지 어떨지 고민하고 있다.

7. 生まれる子供の数は減る（　　）。 태어나는 아이의 수는 줄기만 하고 있다.

8. この食堂で食事をする（　　）食券が要ります。
   이 식당에서 식사를 하려면 식권이 필요합니다.

9. そんなこと、子供で（　　）知っているよ。 그런 것. 아이조차 알고 있어.

10. 酒に酔って道で寝る（　　）理解できません。 술에 취해서 길에서 자다니 이해할 수 없습니다.

---

① ばかり　② ばかりか　③ さえ　④ ほど　⑤ しか
⑥ くらい　⑦ には　⑧ どうか　⑨ とは　⑩ ばかりだ

2 힌트를 참고로 괄호 안에 들어갈 알맞은 문형을 찾아 쓰세요.

11. おいしいか(　)食べたら分かりますよ。

12. この店のケーキは安い(　)でなく味もいい。

13. あなたが嘘をつく(　)、がっかりしました。

14. 残業(　)嫌なものはありません。

15. お金がなくてご飯(　)食べられませんでした。

> **힌트**
> ① ほど　② さえ　③ には　④ とは　⑤ に
> ⑥ くらい　⑦ なんか　⑧ だけ　⑨ どうか　⑩ では

3 다음 문장을 잘 읽고 괄호 안에 들어갈 말로 알맞은 것을 고르세요.

16. 妻が亡くなったが泣いて(① だけ　② ばかり)はいられない。

17. 若いころは死ぬ(① ほど　② なんて)働きました。

18. 昨日買った(① だけ　② ばかり)のパソコンが壊れた。

19. 終電に乗り遅れた。タクシーで帰る(① しか　② だけ)ない。

20. 大学に合格する(① とは　② には)十分な学力が必要です。

> **정답**
> 1 ④⑥　2 ⑤　3 ④⑥　4 ②　5 ①　6 ⑧　7 ⑩　8 ⑦　9 ③　10 ⑨
> 11 どうか　12 だけ　13 とは　14 ほど/くらい　15 さえ　16 ②　17 ①　18 ②　19 ①　20 ②

합격 공략 | 실전 연습 05

問題1 つぎの文の（　　）に入れるのに最もよいものを、1・2・3・4から一つえらびなさい。

① A「日本語がお上手ですね。」
　B「いいえ、まだまだです。1か月前に勉強を（　　）ですよ。」
　1　始まっただけ　　2　始めたくらい　　3　始まったほど　　4　始めたばかり

② 矢口君はお酒を飲む（　　）、タバコも吸います。
　1　ばかりで　　2　ほどで　　3　しかなく　　4　だけでなく

③ 星成さん（　　）、もう5回も離婚していますよ。
　1　くらい　　2　ほど　　3　なんて　　4　だけ

④ 星原君は、ここ一週間、他の女の子と（　　）んですよ。
　1　遊んだところな　　　　　2　遊んでばかりいる
　3　遊ぶほどはない　　　　　4　遊ぶかもしれない

⑤ ロシア語（　　）難しい言語はないと思っています。
　1　ぐらい　　2　を通して　　3　とは　　4　には

⑥ 年を取るにつれて、体力は落ちる（　　）です。
　1　さえ　　2　ほど　　3　ばかり　　4　くらい

⑦ このお菓子がおいしい（　　）、舌がおかしいのではないか。
　1　から　　2　とは　　3　といっても　　4　からといって

⑧ A「林さんは、元気かな。」
　B「（　　）どうか、電話して確認してみよう。」
　1　元気な　　2　元気か　　3　元気で　　4　元気の

問題2　つぎの文の ___★___ に入る最もよいものを、1・2・3・4から一つえらびなさい。

⑨　親_____ ___★___ _____ _____お金を借りることはできないよ。

　　1　頼めない　　　2　君から　　　　3　のに　　　　4　にさえ

⑩　クーラーが壊れたから、_____ _____ ___★___ _____ありませんね。

　　1　せんぷうきを　2　暑いけど　　　3　しか　　　　4　使う

⑪　東京ではアジア各国の料理が_____ ___★___ _____ _____が食べられます。

　　1　食べられる　　2　世界各国の　　3　ばかりか　　4　料理

⑫　A「山田さん、一生懸命にフランス語を勉強していますね。」
　　B「がんばって勉強して、今は_____ _____ ___★___ _____なんですよ。」

　　1　フランス人と　2　ほど　　　　　3　できる　　　4　会話が

⑬　成績を_____ ___★___ _____ _____勉強する必要があります。

　　1　には　　　　　2　伸ばす　　　　3　毎日　　　　4　3時間

⑭　A「昨日の山登りは楽しかったですか。」
　　B「楽しかったんですけど、今日は、_____ _____ ___★___ _____ですよ。」

　　1　痛くて　　　　2　歩けない　　　3　足が　　　　4　くらい

⑮　体の具合が悪いんですけど、野球の_____ ___★___ _____ _____んです。

　　1　いられない　　2　休んで　　　　3　練習を　　　4　ばかりは

⑯　若林さん_____ _____ ___★___ _____人はいませんよ。

　　1　ことを　　　　2　周りの人の　　3　考えている　4　ほど

합격 공략 | 실전 연습 05

問題3　つぎの文章を読んで、文章全体の内容を考えて 17 から 21 の中に入る最もよいものを、1・2・3・4から一つえらびなさい。

　　東京を夜、船で出て、朝9時前に八丈島の底土港に着いた。初めて来たので「そこ、どこ？」というじょうだんも言いながら船から降りた。ここまで船で約10時間半の距離だが、ここも東京都だ。東京都 17 意外と広く、日本で一番東の島も南の島も東京都なのだ。
　　港からバスでホテルに行き、荷物を置いて、海水浴をしに行った。海水浴場は砂の海岸ではなく、石や岩の海岸だったので、海がにごっていなくてとてもきれいだった。魚が泳いでいるのもよく見える 18 、岩にいる貝もよく見えた。それくらいきれいなのだった。高校3年生の8月下旬ということも忘れ、きれいな海を楽しんでいたが、やはり高校3年生なので、自然と受験の話にもなった。
　　「お前、将来どうするの？」「どこの大学のどこの学部を受験 19 つもりなの？」などの話もしたりした。
　　夕方、ホテルに戻り、食事の前に4人でお風呂に入った。丘の上にあるホテルなので海がよく見えた。日に焼けて真っ赤だったので、ヒリヒリして長くお風呂に入っていられなかったが、 20 海を見ながらの入浴はとても気分が良かった。
　　夕飯を食べ、もう一度入浴をしにいった。日が沈んで外はもう 21 だったので海は見えなかったが、4人で話をしながら広いお風呂に入るのも良い。「はだかの付き合い」という言葉があるが、人間ははだかになるとなぜか普段は話せないことも話せる。とても意味のある時間を過ごした。

17
1 という   2 といって   3 というのは   4 といっても

18
1 くらい   2 なんか   3 ばかりか   4 しか

19
1 する   2 した   3 して   4 し

20
1 青(あお)   2 青(あお)な   3 まっさおな   4 まっあおの

21
1 真(ま)っ黒(くろ)   2 真(ま)っ暗(くら)   3 真(ま)っ赤(か)   4 真(ま)っ白(しろ)

합격 공략 | 기타 문형 1

066

いくら ～ても・どんなに ～ても 아무리 ~하더라도

● 접속 | 명사·동사·い형용사·な형용사의 て형

어떤 내용을 강조하여 그런 상황이 되거나 그 동작을 하더라도 뒤에 따라오는 상황은 변함이 없다는 의미이다.

いくら見てもどこが間違っているのか、分かりません。 아무리 봐도 어디가 틀렸는지 모르겠습니다.

いくらダイエットをしても、体重が減らない。 아무리 다이어트를 해도 체중이 줄지 않는다.

どんなに辛くても、私は簡単に諦めない。 아무리 괴로워도 나는 간단히 포기하지 않는다.

● 체크　いくらメッセージを(① 送ったら　② 送っても)返事が来ない。

067

～がする　~가 나다(냄새, 소리, 향기 등)

● 접속 | 명사

「音(소리)·におい(냄새)·香り(향기)·味(맛)·声(목소리)·気(느낌)·感じ(느낌)」 등의 단어와 함께 쓰여 무언가가 감각으로 느껴진다고 하는 의미의 표현이다. 타동사로 착각하기 쉬우나 자동사로 사용되었으므로 조사 「が」를 써야 한다. 보통 '~가 난다, ~가 든다'로 해석된다.

この辺はいつもコーヒーのにおいがする。 이 주변은 항상 커피 냄새가 난다.

家から変な音がするから入らない方がいい。
집에서 이상한 소리가 나기 때문에 들어가지 않는 편이 좋다.

今度のプロジェクトはもうだめな気がします。 이번 프로젝트는 이제 안 될 것 같은 느낌이 듭니다.

● 체크　君のくつした、納豆のにおいが(① におう　② する)よ。

068

～がる/～がっている　～해 하다/～해 하고 있다

● 접속 ｜ い형용사・な형용사의 어간

「～がる」는 제3자의 일반적인 경향이나 습성 또는 감정, 느낌 등을 말할 때 사용하고, 「～がっている」는 제3자의 현재 감정이나 느낌 등을 말할 때 사용한다.
이때 대상을 나타내는 조사는 「を」를 써야 한다. 예 彼は新しい車を欲しがっている。 그는 새 차를 갖고 싶어한다.
희망을 나타내는 표현 「～たい」에도 자주 접속한다. 예 山田は韓国に行きたがっている。 야마다는 한국에 가고 싶어하고 있다.

周(まわ)りの人(ひと)が嫌(いや)がる行動(こうどう)はやめた方(ほう)がいい。 주변 사람들이 싫어하는 행동은 그만두는 편이 좋다.

だんなは新(あたら)しい車(くるま)を欲(ほ)しがっているけど、お金(かね)がない。 남편은 새 차를 갖고 싶어하지만, 돈이 없다.

✅ 체크　妹(いもうと)は人形(にんぎょう)を_____ ★ _____ _____ くれませんでした。
　　　　① いましたが　② 母(はは)が　③ ほしがって　④ 買(か)って

069

～さ/～み (형용사의 명사형)

● 접속 ｜ い형용사・な형용사의 어간

형용사의 어간에 접속하여 명사형을 만든다. 「～さ」는 해당 단어의 '객관적으로 측정 가능한 어떤 정도'를 말하고 「～み」는 '주관적으로 느껴지는 느낌, 감각'을 표현한다는 점이 다르다. 「重さ」는 실제적으로 측정 가능한 정도인 '무게'를 말하고, 「重み」는 개인적으로 느껴지는 느낌으로 「重みのある作品 무게감이 있는 작품」 등의 표현으로 사용된다. 예 深さ(호수나 강 등의 깊이) / 深み(내용이나 관계 등의 깊이감, 깊은 맛)

人気(にんき)の寒(さむ)さ対策(たいさく)グッズを紹介(しょうかい)します。 인기가 있는 추위 대책 상품을 소개하겠습니다.

喜(よろこ)びや悲(かな)しみは素直(すなお)に表現(ひょうげん)した方(ほう)がいい。 기쁨이나 슬픔은 솔직히 표현하는 편이 좋다.

✅ 체크　今日(きょう)は(① 暑(あつ)さ　② 暑(あつ)み)が厳(きび)しい。

070

~ず(に) ~하지 않고/~하지 않아서

- **접속** | 동사의 **ない**형
- **유사 표현** | ~ないで/~なくて ~하지 않고/~하지 않아서

(1) 앞의 동작을 하지 않고 다음 동작을 한다는 의미이다.
(2) 앞의 내용이 원인이 되어 그러한 결과가 되었다는 인과관계를 나타낸다.
「~ないで ~하지 않고」는 「~ず」・「~ずに」로 바꿔 쓸 수 있으며, 「~なくて(~하지 않아서)」는 「~ず」로만 바꿔 쓸 수 있다. 「~する」는 「~せず」의 형태로 접속한다.

家に帰ったらどこにも出かけずに家でのんびりしている。(1)
집에 돌아가면 아무데도 나가지 않고 집에서 푹 쉬고 있다.

大阪で道が全然分からず、困りました。(2) 오사카에서 길을 전혀 알지 못해서 곤란했습니다.

✅ **체크**　山田が(① き　② こ)ずに、代わりに山本が来た。

071

~そうだ ~라고 한다(전문)

- **접속** | 명사・동사・い형용사・な형용사의 보통형
- **유사 표현** | ~ということだ ~라고 한다

뉴스나 신문 같은 외부로부터 들은 어떤 정보를 누군가에게 전달할 때 사용한다. 「~によると/~によれば(~에 의하면)」 등의 표현과 함께 사용하여 정보의 출처를 나타낸다. 회화체 반말에서는 「~って」나 「~んだって」를 자주 사용한다. 예 明日から休みだって。 내일부터 방학이래.

➕ **플러스** ~そうだ(전문) VS ~そうだ(추측, 양태) 129

週末は予約できないそうだから、並ぶしかない。 주말은 예약이 안 된다고 하니까 줄 설 수밖에 없다.

天気予報によると午後から晴れるそうだ。 일기예보에 의하면 오후부터 맑아진다고 한다.

✅ **체크**　岡田さんによると、一風堂のラーメンは(① おいしい　② おいし)そうだよ。

072

たとえ ～ても　설령 ~라고 해도, 만약 ~라고 해도

● 접속 | 명사 · 동사 · い형용사 · な형용사의 て형

만약 어떤 일이 발생하거나 특정한 상황에 놓여진다 하더라도 앞으로의 일에는 영향을 주지 않는다는 의미이다. 「～ても」 대신에 「～たところで(~해 봤자)」・「～とも(~하더라도)」・「～としても(~한다 하더라도)」를 쓰기도 한다.

たとえ彼女にうそをつかれてもお金を貸すしかない。
설령 그녀가 거짓말을 한다고 해도 돈을 빌려줄 수밖에 없다.

たとえ給料が安くてもその仕事はしたいです。 설령 월급이 낮아도 그 일은 하고 싶습니다.

✓ 체크　たとえ＿＿＿ ＿＿＿ ★ ＿＿＿と悪いことがあるよ。
　　　① こと　　② でも　　③ 冗談　　④ 言っていい

073

～たら・～と　~했더니, ~하자

● 접속 | 동사의 た형+たら / 동사의 사전형+と

발견·놀람·의외의 상황 등을 말할 때 사용한다. 과거의 일에만 사용할 수 있으며 보통 '~했더니, ~하자'로 해석한다.

家を出たら、たくさんの雪が積もっていた。 집을 나왔더니 많은 눈이 쌓여 있었다.

インターネットで本を買うと、5時間で家に届いた。
인터넷에서 책을 샀더니 5시간 만에 집에 배달되었다.

✓ 체크　アレルギーの薬を(① 飲むと　② 飲めば)眠くなってきた。

074

〜って(〜んだって)
〜라고/〜라는/〜래, 〜하대/〜라도/〜은/〜라고?

● 접속 | 명사·동사·い형용사·な형용사의 보통형

(1) 인용을 나타내는 「〜と(〜라고)」의 회화체 표현이며, 「〜という(〜라고 하는)」・「〜というのは(〜라고 하는 것은)」의 의미로도 사용된다.
(2) 전문 표현인 「〜とか」・「〜そうだ」・「と言っている」・「と言っていた」의 회화체 표현이다. 이 경우는 「〜んだ」에 접속하여 「〜んだって」의 형태로 주로 사용되며, 정중형에도 접속한다.
(3) 「〜でも」의 회화체 표현으로 사용되어 '〜일지라도, 〜라도, 〜역시'라는 의미로 쓰인다.
(4) 「〜は(〜은, 는)」을 강조할 때도 사용한다. 예 木村先生って、優しいよね。 기무라 선생님은 상냥하지.
(5) 놀람이나 어이없음을 나타내거나 어떤 내용을 확인할 때도 사용한다. 「〜んだって」의 형태로 자주 사용된다. 예 また酒に酔って記憶がないって? 또 술에 취해서 기억이 없다고?

明日の会議に参加できないって連絡があった。(1)
내일 회의에 참석할 수 없다고 연락이 왔다.

「TSUTAYA」っていう本屋、知っている？(1)
'쓰타야'라고 하는 서점, 알아?

彼の誕生日パーティーにみんな参加するんだって。(2)
그의 생일 파티에 모두 참가한다고 해.

誰だって、失敗する時はある。(3)
누구라도 실패할 때는 있다.

✓ 체크   僕＿＿＿ ★ ＿＿＿ ＿＿＿だよ。ばかにしないでよ。
　　　① だって　　② 立派な　　③ もう　　④ 大人

075

～づらい　~하기 어렵다, ~하기 힘들다

● 접속 | 동사의 ます형

말하는 사람이 신체적, 정신적인 이유 등으로 그 동작을 하는 데 부담을 느낀다는 의미의 표현이다. 형용사 「辛い(괴롭다)」를 활용한 문형이다.

あの先生は怖くて質問しづらいな。 저 선생님은 무서워서 질문하기 힘들어.

授業が始まったら、教室に入りづらい。 수업이 시작되면 교실에 들어가기 어렵다.

✓ 체크　おはしで＿＿＿＿ ★ ＿＿＿＿ ＿＿＿＿を持ってきましょうか。

　　　① づらい　　② スプーン　　③ 食べ　　④ なら

076

～てある　~해져 있다, ~해 두었다(타동사의 상태 지속)

● 접속 | 동사의 て형

「が+타동사+てある」의 형태로 누군가가 의도적으로 그런 상태로 만들어 두었다는 의미로 사용된다. 「を+타동사+ておく」와 한국어 해석은 비슷하지만, 「～ておいた」는 단순히 과거에 어떤 동작을 했다는 의미이고 「～てある」는 과거에 한 동작의 결과로 어떤 상태가 지금까지 쭉 유지되고 있다는 의미의 표현이다.

資料は全部コピーしてありますか。 자료는 전부 복사해 두었습니까?

なくしてしまうと困るから、鍵がかけてあります。
잃어버리면 곤란하니까 열쇠를 잠가 놓았습니다.

合格者リストに君の名前も書いてあるよ。 합격자 리스트에 너의 이름도 적혀 있어.

✓ 체크　おならをして部屋の中が臭いから、窓が(① 開いて　② 開けて)あります。

077

〜で(は)ある/〜で(は)ない　〜이다/〜은 아니다

● 접속 | 명사/な형용사의 어간

「〜だ」의 문장체 표현으로, 부정표현은 「〜で(は)ない」를 사용한다. 정중한 표현은 「〜であります」・「〜で(は)ありません」을 사용한다.

冗談のように見えるけど、彼は本気である。 농담처럼 보이지만 그는 진심이다.

もし可能であれば、キャンセルさせてください。 만약 가능하다면 취소시켜 주세요.

✓ 체크　新しい元号は令和(① で　② に)あります。

078

〜てちょうだい/〜ないでちょうだい
〜해 줘, 〜해 줄래?/〜하지 말아 줄래?

● 접속 | 동사의 て형/ない형

상대방에게 어떤 것을 해 달라고 부드럽게 부탁할 때 사용하는 표현이다. 주로 여성이나 아이가 사용한다. 「명사+ちょうだい」는 어떤 것을 달라고 할 때 사용한다. 기초 문형 「〜てくれる?/〜てもらえる?(〜해 줄래?)」와 비슷한 의미이고, 부정 표현은 「〜ないでちょうだい(〜하지 말아 줄래?)」를 사용한다.

暇なら、ちょっと手を貸してちょうだい。 한가하면 잠깐 도와줘.

お願いだから静かにしてちょうだい。 부탁이니까 조용히 해 줘.

大人になっても今のことを忘れないでちょうだい。 어른이 되어도 지금을 잊지 않기를 바라.

✓ 체크　たなの上の＿＿＿＿ ＿＿＿ ★ ＿＿＿。
　　　　① 調味料　　② 取って　　③ を　　④ ちょうだい

079

～てほしい/～ないでほしい
～해 주길 바란다/～하지 않기를 바란다

● 접속 | 동사의 て형/ない형

상대방이 어떤 동작을 해 주길 바란다는 의미이고, 내가 어떤 동작을 하고 싶은 경우에는「ます형+たい」를 써야 하므로 주의해야 한다. 예 いろいろな経験がしたい。 여러 가지 경험을 하고 싶다. 부정 표현은「～てほしくない」·「～ないでほしい」 두 가지가 있다. 그 동작을 해 주기를 바라는 대상은 조사「に」를 사용해야 한다.

学生のみなさんにはいろいろな経験をしてほしい。 학생 여러분이 여러 가지 경험을 하길 바란다.

たくさんの人に見てほしくて無料で公開している。 많은 사람이 봐 줬으면 해서 무료로 공개하고 있다.

失敗してもいいから、途中でやめないでほしい。 실패해도 괜찮으니까 도중에 그만두지 않길 바란다.

✓ 체크 一緒に＿＿＿＿ ★ ＿＿＿＿ ＿＿＿＿んですけど。

① きて　　② 病院に　　③ ついて　　④ ほしい

080

～でもある/～でもない　～이기도 하다/～도 아니다

● 접속 | 명사/な형용사의 어간

「Aでもあり、Bでもある A이기도 하고 B이기도 하다」는 두 가지 내용이 모두 성립한다는 의미이고, 「AでもBでもない A도 (아니고) B도 아니다」는 두 가지 내용이 모두 성립되지 않는다는 의미이다. い형용사는「い형용사의 어간+くもある/くもない」의 형태로 접속한다.

彼は英語の教師でもあり、詩人でもある。 그는 영어 교사이기도 하고 시인이기도 하다.

カレーなら好きでも嫌いでもない。 카레라면 좋아하지도 싫어하지도 않는다.

✓ 체크 人生で一番大切なものは、仕事でも＿＿＿＿ ＿＿＿＿ ★ ＿＿＿＿。愛です。

① です　　② ない　　③ でも　　④ お金

워밍업

1 한국어 해석을 참고로 괄호 안에 들어갈 말로 알맞은 것을 고르세요.

1. どんなに( )、僕はラーメンを食べます。 아무리 더워도 나는 라면을 먹습니다.

2. 隣の部屋から変な音が( )な。 옆 방에서 이상한 소리가 나.

3. 天気予報によると雨が降る( )。 일기예보에 의하면 비가 내린다고 한다.

4. 友達に電話を( )すぐに会いに来てくれた。
친구에게 전화를 했더니 바로 만나러 와 주었다.

5. 父さん、新しい携帯を( )ちょうだい。 아빠, 새 휴대폰을 사 줘.

6. そんな悪口は、もう( )ほしいな。 그런 욕은 이제 하지 않았으면 좋겠어.

7. ( )もあり悲しくもあります。 기쁘기도 하고 슬프기도 합니다.

8. 既にホテルの予約はして( )。 이미 호텔 예약은 해 두었습니다.

9. 保証期間内( )無料で修理できます。 보증 기간내라면 무료로 수리할 수 있습니다.

10. 弟もイギリスに旅行しに( )いましたよ。 남동생도 영국에 여행하러 가고 싶어했어요.

① あります ② 行きたがって ③ であれば ④ 買って ⑤ そうだ
⑥ したら ⑦ 暑くても ⑧ する ⑨ うれしく ⑩ 言わないで

2 힌트를 참고로 괄호 안에 들어갈 알맞은 문형을 찾아 쓰세요.

11. 今日はクラブに行か(　　)に、うちで寝ていました。

12. どんなに苦しくて(　　)がんばるしかない。

13. グリーンは歌手(　　)あり、歯医者でもあります。

14. 坂井さんはハンサム(　　)ありません。

15. 今年の冬は寒(　　)が厳しいですね。

> 힌트
> ①さ　②み　③が　④は　⑤で　⑥でも　⑦も　⑧を　⑨ず　⑩ぬ

3 다음 문장을 잘 읽고 괄호 안에 들어갈 말로 알맞은 것을 고르세요.

16. 他の人がいてここでは(① 話し　② 話して)づらいから他の所に行きましょう。

17. 100万円ほど貸してくれ(① って　② っと)友達から電話がありました。

18. このビターチョコレートは苦い味が(① する　② くる)。

19. 家に(① 入ったら　② 入るなら)、いいにおいがしてきた。

20. もう私に連絡(① しないで　② しなくて)ちょうだい。

◆ 정답

1 ⑦　2 ⑧　3 ⑤　4 ⑥　5 ④　6 ⑩　7 ⑨　8 ①　9 ③　10 ②
11 ず　12 も　13 でも　14 で/でも　15 さ　16 ①　17 ①　18 ①　19 ①　20 ①

합격 공략 | 실전 연습 06

問題1 つぎの文の(　　　)に入れるのに最もよいものを、1・2・3・4から一つえらびなさい。

1 うちのペットの猫が病気なんです。早く(　　)ほしいです。
　1　元気に　　　2　よくなって　　　3　治り　　　4　大きく

2 A「岡本さんの部屋にはいろいろな絵がかけて(　　)んですね。」
　B「ええ、私、絵が好きなので。」
　1　いる　　　2　おく　　　3　ある　　　4　くる

3 eスポーツ(　　)オンラインゲームのことですか。
　1　と　　　2　といって　　　3　には　　　4　って

4 たとえ雨が(　　)会いましょう。
　1　降っても　　　2　降っては　　　3　降るので　　　4　降るし

5 高校時代、彼は(　　)そうですね。今とは全く違いますね。
　1　まじめだ　　　2　まじめだった　　　3　まじめな　　　4　まじめに

6 玄関のドアを(　　)ねこが飛び出してきました。
　1　開けたなら　　　2　開けるなら　　　3　開ければ　　　4　開けたら

7 河合は仕事も(　　)、遊んでばかりいる。
　1　しない　　　2　せず　　　3　しず　　　4　するし

8 祖母によると、私は小さいころ、よく遊園地に(　　)そうです。
　1　行く　　　　　　　　　2　行きたい
　3　行きたかった　　　　　4　行きたがっていた

問題2 つぎの文の＿＿★＿＿に入る最もよいものを、1・2・3・4から一つえらびなさい。

9 卒業式の日、先生の＿＿＿＿★＿＿＿＿＿＿＿いた。
1 涙を流して　　2 お言葉に　　3 全生徒は　　4 深みのある

10 私の考えも＿＿＿＿＿＿＿＿★＿＿＿＿であります。
1 考え　　2 同じ　　3 と　　4 社長の

11 最後まであきらめないで＿＿＿＿＿＿★＿＿＿＿＿よ。
1 やって　　2 しっかりと　　3 ちょうだい　　4 がんばって

12 すみません。電話が＿＿＿＿＿＿★＿＿＿＿んですが。
1 聞こえ　　2 声が　　3 づらい　　4 遠くて

13 私は賛成＿＿＿＿★＿＿＿＿＿＿。どちらとも言えません。
1 ありません　　2 反対　　3 でも　　4 でも

14 いくら＿＿＿＿＿＿★＿＿＿＿は許せません。
1 言動　　2 でも　　3 子供　　4 そのような

15 おなかを＿＿＿＿★＿＿＿＿＿＿。病気かな。
1 感じが　　2 触ると　　3 変な　　4 する

16 たとえ二人が＿＿＿＿★＿＿＿＿＿＿一つだと思っている。
1 心は　　2 いても　　3 別々に　　4 暮らして

합격 공략 | 실전 연습 06

問題3 つぎの文章を読んで、文章全体の内容を考えて 17 から 21 の中に入る最もよいものを、1・2・3・4から一つえらびなさい。

　僕はチェーンスモーカーだ。友達も近くに 17 。何かあるとすぐにタバコをくわえ、火をつけてしまう。特に文章を書いたりして、考えごとをする時は、タバコを吸う量が増える。考えごとをするためにタバコを吸うのか、タバコを吸うために考えごとをしているのか、自分でもわからなくなるほど吸う。悪いくせだと 18 よく分かっているが、どうしてもやめられない。もちろん何回 19 禁煙にチャレンジしたが、がまんできるのはせいぜい一週間。ここを乗り切れば禁煙に成功する直前で、いつもタバコを吸ってしまう。
　現在タバコを吸う時は、百円ライターを使用している。メーカーや色は特に気に 20 、とにかく火がつけば何でもいいから、目に入ったものを買う。というか、実はめったに買わない。百円ライターというものはヘンなもので、いつの間にか、どこからか湧いてくる。買った覚えもないのに、新しい百円ライターがポケットに入っていることがほとんどである。帰宅後、百円ライターが三つも四つも出てきたりする。 21 考えても、どこで誰の百円ライターを持ってきてしまったのか、どうしても思い出せないのである。

17
1　いたいほどだ　　　　　　　　2　いたくないくらいである
3　いってくるはずなのだ　　　　4　いたがらないほどである

18
1　いうのは　　2　いって　　3　いっても　　4　いうものは

19
1　など　　2　とは　　3　も　　4　に

20
1　して　　2　しても　　3　せず　　4　なるのは

21
1　もしかして　　2　まるで　　3　いくら　　4　たらこ

합격 공략 | 기타 문형 2

081

～ながら(も/に) ～이지만, ～이면서도

● 접속 | 명사/동사의 **ます형**/い형용사의 사전형/な형용사의 어간

앞에서 말하는 내용과 뒤에서 말하는 내용이 서로 모순된다고 말하는 역접 표현이다. 동사의 「ます형」에 접속하여 두 가지 동작을 동시에 한다는 의미도 있다. 예 音楽を聞きながら、散歩をしている。 음악을 들으면서 산책을 하고 있다.

人の日記を見てはいけないと思い**ながら**、つい見てしまった。
남의 일기를 보면 안 된다고 생각**하면서** 그만 보고 말았다.

この携帯は軽い**ながらも**、便利な機能がたくさんついている。
이 휴대폰은 가벼우**면서도** 편리한 기능이 많이 붙어 있다.

✓ 체크　長い(① ように　② ながらも) 短い人生だ。

082

～なく ～하지 말고, ～없이, ～하지 마세요

● 접속 | 명사/동사의 **ます형**/な형용사의 어간

부정형 「ない형」을 활용한 문형이며, 「～ないで(～하지 말고)」・「～なしで(～없이)」・「～ないでください(～하지 마세요)」 등의 다양한 의미로 사용한다. 「ご遠慮なく(사양하지 마시고)」・「お忘れなく(잊지 마시고)」・「ご心配なく(걱정하지 마시고)」 등의 정해진 표현으로 주로 사용된다.

事実を過不足なく伝えました。 사실을 가감 없이 전달했습니다.

もし何かあれば、ご遠慮なくご連絡ください。 만약 무슨 일이 있으면 사양하지 말고 연락 주세요.

✓ 체크　お帰りの際には、＿＿＿＿ ★ ＿＿＿＿ ＿＿＿＿なく。
　　　　① 貴重品を　　② スマートフォン　　③ などの　　④ お忘れ

083

～ねばならない ~해야 한다

● 접속 | 동사의 ない형

어떤 동작을 반드시 해야 한다는 의무나 필요성을 나타내며, 문장체 표현이다. 「する」에 접속하는 경우는 「せねばならない」의 형태를 취한다. 「～なければなりません(~해야만 한다)」과 같은 의미이다.

健康のためにも、運動を**せねばならない**。 건강을 위해서도 운동을 해**야 한다**.

記者は本当のことを言わ**ねばならない**。 기자는 사실을 말해**야 한다**.

✓ 체크 うそを(① つか ② せ)ねばならない事情があった。

084

～のだ(～んだ) ~인 것이다

● 접속 | 명사·동사·い형용사·な형용사의 명사 수식형(명사 な 접속)

(1) 어떤 사정이나 이유를 설명하거나, 관련된 내용을 확인하고 그에 대한 설명을 요구할 때 사용한다.
(2) 말하는 사람의 주장이나 결심을 강하게 표현하거나, 어떤 내용에 대해 납득·이해했다는 의미로 쓰인다.
(3) 앞에서 말한 내용을 다시 바꿔 말할 때, 지시·명령·설득할 때 등 다양한 상황에 쓰이는 표현이다. 회화체에서는 「～んだ」의 형태로 사용된다.

せっかく海外に来た**のだ**から、思いっきり楽しもう。 (1) 모처럼 해외에 온 **것이니까** 마음껏 즐기자.

誰がなんと言っても私の気持ちは変わらない**のだ**。 (2)
누가 뭐라고 하든지 내 마음은 바뀌지 않을 것이다.

ゆいちゃん、日記は毎日つける**んだ**よ。 (3) 유이야, 일기는 매일 쓰는 **거야**.

✓ 체크 さっきデパートに行った(① んだけど ② のが)、休業日だったよ。

085

〜のではない(だろう)か ~인 것은 아닐까?

● 접속 | 명사 · 동사 · い형용사 · な형용사의 명사 수식형(명사 な 접속)

자신의 의견이나 생각 등을 직접적으로 단언하지 않고 돌려 말할 때 사용하며, 상대방에게 직접적인 대답을 요구하는 것은 아니지만 자신이 이야기한 내용에 대해 의문을 던지는 듯한 뉘앙스의 표현이다. 명사와 な형용사는「(な)の」를 접속하지 않고 바로「ではない(だろう)か」를 접속하여 사용할 수 있다. 예 もしかしてうそではないだろうか。 어쩌면 거짓말인 것은 아닐까?
비슷한 표현으로는「〜のではないかと思う(~인 것은 아닐까라고 생각한다)」·「〜のではないでしょうか(~인 것은 아닐까요?)」가 있다.

今までの考え方を見直す必要があるのではないか。
지금까지의 생각을 재검토할 필요가 있는 것은 아닐까?

もしかしてみんな力を合わせればできるのではないだろうか。
어쩌면 모두 힘을 합치면 가능한 것은 아닐까?

相手を知らなかったのが、失敗の原因ではないだろうか。
상대를 몰랐던 것이 실패의 원인이 아닐까?

✓ 체크   今頃、彼は_____ _____ ★ _____だろうか。

① のではない   ② いる   ③ 楽しんで   ④ 沖縄旅行を

086

〜はもちろん・〜はもとより ~은 물론, ~은 물론이고

● 접속 | 명사

당연하다고 여겨지는 내용에 그보다 정도가 심한 다른 내용을 추가할 때 사용한다.「〜はもちろん」이「〜はもとより」보다 회화체 표현이며, 좀 더 딱딱한 표현으로「〜はもちろんのこと」도 사용된다.

復習はもちろん予習も大切ですよ。
복습은 물론 예습도 중요해요.

お料理はもちろん、サービスも大満足の店です。
요리는 물론 서비스도 아주 만족스러운 가게입니다.

夏はもとより、冬でも汗をかいて困っている。
여름은 물론 겨울에도 땀을 흘려서 곤란하다.

✅ 체크 平日は＿＿＿ ★ ＿＿＿ ＿＿＿います。

① もちろん   ② 体を   ③ 週末も   ④ 動かして

087

〜べきだ/〜べきではない　〜해야 한다/〜해서는 안 된다

● 접속 | 동사의 사전형

당연하다고 생각되거나 의무로서 반드시 해야만 하는 일에 대해서 말할 때 사용한다. 「〜べき＋명사(〜해야 하는)」의 형태로 명사를 수식하며, 「〜する」는 「〜すべき」 또는 「〜するべき」의 형태로 접속한다. 부정형은 「〜ないべきだ」가 아니라 「〜べきではない」이므로 주의해야 한다. 「〜なければならない(〜해야만 한다)」와 같은 의미이다.

一番実力のある人が代表選手に選ばれるべきだ。
가장 실력이 있는 사람이 대표 선수로 뽑혀야 한다.

こういうことは本人に直接伝えるべきでしょ。
이러한 일은 본인에게 직접 전해야죠.

本気でないなら、「好きだよ」と言うべきではない。
진심이 아니라면 '좋아한다'고 말해서는 안 된다.

✅ 체크 君は＿＿＿ ★ ＿＿＿ ＿＿＿人間ではない。

① べき   ② 立つ   ③ 人の   ④ 上に

088

〜(よ)うとする/〜(よ)うとしない
〜하려고 하다/〜하려고 하지 않다

- 접속 | 동사의 의지형

어떤 동작을 하겠다는 의지를 가지고 실제로 그 동작을 하려고 한다는 의미이다. 부정 표현은 어떤 동작을 하려고 시도하지 않는다는 의미가 된다.

このドアは故障したのか、開けようとしても開かない。
이 문은 고장이 났는지 열려고 해도 열리지 않는다.

6時を過ぎたのに、誰も家に帰ろうとしない。
6시를 넘겼는데도 아무도 집에 돌아가려고 하지 않는다.

✓ 체크　夏休み、旅行に(① 行く　② 行こう)としましたが、お金がなくて行けませんでした。

089

〜ように　〜하도록/〜하기를

- 접속 | 동사의 사전형·가능형·ない형

목적을 나타내는 표현으로 말하는 사람이 바람직하다고 생각하는 상황을 말한다. 문장 끝에 「〜ますように」의 형태로 사용되어 말하는 사람의 희망이나 바람을 표현한다. 한국어로는 '〜하기를'이라고 해석한다.

外国人でも分かるようにひらがなで書いてください。
외국인이라도 알 수 있도록 히라가나로 써 주세요.

大事な内容は忘れないように書いておこう。 중요한 내용은 잊어버리지 않도록 적어 두자.

✓ 체크　風邪が早く治る(① ために　② ように)一日中うちで寝ていました。

090

～ようにする　~하도록 하다

- 접속 | 동사의 사전형·가능형·ない형

어떤 일을 달성하도록 노력한다는 의미이며, 부정 표현에 접속하는 경우는 그런 동작을 하지 않거나 그런 일이 발생하지 않도록 노력한다는 의미이다. 「～ようにしている(~하도록 하고 있다)」는 어떤 행동을 습관으로 삼고 노력하고 있다는 의미의 표현이다.

外国ではパスポートを必ず持ち歩くようにしてください。
외국에서는 여권을 반드시 가지고 다니도록 해 주세요.

いやだったこと、過ぎたことは早く忘れるようにしている。
싫었던 일, 지나간 일은 가능한 한 빨리 잊도록 하고 있다.

체크　健康のために＿＿＿＿ ＿＿＿＿ ★ ＿＿＿＿います。
　　① 歩く　　② なるべく　　③ して　　④ ように

091

～ようになる　~하게 되다

- 접속 | 동사의 사전형·가능형·ない형

불가능한 상태가 가능한 상태로 변화했거나, 어떤 상황이나 능력, 습성 등이 변화했다고 말할 때 사용하는 표현이다. 「～ようになっている(~하게 되어 있다)」의 형태로 기계의 동작 등을 설명할 때 사용한다.

一年間ピアノを習って簡単な曲は弾けるようになった。
1년간 피아노를 배워서 간단한 곡은 칠 수 있게 되었다.

手を当てると自動的に動くようになっている。 손을 대면 자동적으로 움직이게 되어 있다.

체크　熱心に勉強したので、日本語(① が話せる　② を話す)ようになりました。

092

～ように・～みたいに/～ような・～みたいな
～같이・～처럼/~같은

● 접속 | 명사・동사・い형용사・な형용사의 명사 수식형

(1) 어떤 사물이나 현상을 직접 설명하지 않고 다른 비슷한 사물이나 현상에 빗대어 설명할 때 사용한다. 부사「まるで(마치)」와 함께 자주 사용된다.
(2) 상대방의 이해를 돕기 위해 관계가 있는 어떤 예를 들어 알기 쉽고 분명하게 설명하고자 할 때 사용한다.「たとえば(예를 들어)」와 함께 사용되는 경우가 많다.
(3)「～ように」의 형태로 앞에서 설명한 내용과 동일함을 말할 때, 어떤 설명에 대한 서론을 말할 때 사용한다.

「みたいに・みたいな」는 보통형에 접속하며 명사・な형용사의 현재형에「だ」는 접속하지 않는다. 추측을 나타내는「～ようだ(문형 130)」・「～みたいだ(문형 131)」라는 문형도 참고로 알아 두자.

パク・ボゴムさんは歌手みたいに歌がうまいです。(1)
박보검 씨는 가수처럼 노래를 잘합니다.

私は新潟のような静かな町が好きです。(2)
나는 니가타같은 조용한 도시가 좋습니다.

子供がやりたいようにやらせてあげたい。(3)
아이가 하고 싶은 대로 하게 해 주고 싶다.

✓ 체크 若林先生の(① みたいに ② ように)格好いい男になりたい。

093

～らしい ～답다

● 접속 | 명사

어떤 사람이나 상황, 사물 등이 본래의 특성, 성질을 그대로 잘 가지고 있다고 하는 의미의 표현이다. 부정 표현은「～らしくない(~답지 않다)」이다. 추측을 나타내는「～らしい(문형 132)」라는 문형도 있으므로 주의해야 한다.

A「鈴木君、また会社をやめたんだって。」 "스즈키 군, 또 회사를 그만뒀다고 해."
B「え？また？鈴木君らしいね。」 "뭐? 또? 스즈키 군답네."

登校する時は学生らしいかっこうをしなければならない。
등교할 때는 학생다운 차림을 해야만 한다.

一月なのに冬らしくない天気が続いている。
1월인데도 겨울답지 않은 날씨가 계속되고 있다.

> **체크** 自分_____ _____ ★_____ _____思っています。
> ① 終えたい   ② 人生を   ③ らしく   ④ と

094

〜(ん)じゃない(か)・〜(の)ではない(か)
〜인 것 아니야? · 〜잖아, 〜아니야?

● 접속 | 명사·동사·い형용사·な형용사의 보통형(명사·な형용사의 현재형 だ)

⑴ 놀람·비난·분노 등의 감성을 강조하는 표현이며, 문장의 끝을 내려서 말한다.
⑵ 상대방에게 동의를 구하는 듯한 어조로 하는 질문으로 문장의 끝을 올려서 말한다.
「〜ではない(か)」・「〜ではありませんか」의 구어체 표현이며, 편한 사이에서는 「〜じゃん」의 형태로도 사용된다.

今年は例年より寒くなったじゃないか。
올해는 예년보다 추워진 것 아닌가?

こんなに重い物を一人で持つなんて無理ではないか。
이렇게 무거운 것을 혼자서 들다니 무리 아니야?

同じことを何回も言わせないでって言ったじゃない。
같은 말을 몇 번이나 하게 하지 말라고 말했잖아.

> **체크** 友達を殴るなんて、(① いけない   ② だめな)じゃないか。

워밍업

1 한국어 해석을 참고로 괄호 안에 들어갈 말로 알맞은 것을 고르세요.

1. まず、あなたが謝る（　）です。 우선 당신이 사과해야만 합니다.

2. すぐにお風呂にはいれる（　）沸かしておいた。 바로 목욕을 할 수 있도록 데워 놓았다.

3. 僕の彼女は優しくてきれい（　）。 나의 여자친구는 상냥하고 예쁘다.

4. 彼は冷静で（　）ながらも温かいところがある。 그는 냉정하면서도 따뜻한 점이 있다.

5. ギャグばかり言っているなんて、あの先生（　）。
   농담만 하고 있다니 그 선생님답지 않다.

6. うちの息子は努力（　）しないんです。 우리 아들은 노력하려고 하지 않습니다.

7. 最近、寝坊を（　）ようにしている。 최근, 늦잠을 자지 않도록 하고 있다.

8. レポートは明日までに完成（　）ならない。 리포트는 내일까지 완성하지 않으면 안 된다.

9. 雪（　）白い肌を持っている。 눈 같은 하얀 피부를 가지고 있다.

10. 遠慮（　）おっしゃって下さいね。 사양하지 말고 말씀해 주세요.

| ①せねば | ②しようと | ③あり | ④ように | ⑤みたいな |
| ⑥しない | ⑦らしくない | ⑧べき | ⑨なく | ⑩なんだ |

2 힌트를 참고로 괄호 안에 들어갈 알맞은 문형을 찾아 쓰세요.

11. そのようなことは(　)べきではない。

12. 夏(　)もとより冬に飲むビールもうまい。

13. 君みたい(　)自由に生きていきたいよ。

14. このお菓子、おいしい(　)ですよ。

15. 子供が入らないよう(　)かぎをかけておこう。

> **힌트**
> ①は ②が ③も ④を ⑤ん ⑥に ⑦ば ⑧で ⑨な ⑩す

3 다음 문장을 잘 읽고 괄호 안에 들어갈 말로 알맞은 것을 고르세요.

16. 海を見ながら飲むワインなんて(① すてき ② すてきな)ではないか。

17. 規則により22時以降は外出できないように(① して ② なって)います。

18. 小学生(① けど ② ながらに)しっかりとしたあいさつをした。

19. 冬でもかき氷を食べるなんて、暑がりの本村(① らしい ② ようだ)よ。

20. 正月に初もうでに行く日本人は(① 多い ② 大勢)のではないだろうか。

정답
1⑧ 2④ 3⑩ 4③ 5⑦ 6② 7⑥ 8① 9⑤ 10⑨
11す 12は 13に 14ん 15に 16① 17② 18② 19① 20①

합격 공략 | 실전 연습 07

問題1 つぎの文の(　　)に入れるのに最もよいものを、1・2・3・4から一つえらびなさい。

① A「お母さん、テストで100点取ったよ。」
　B「がんばれば(　　)じゃないの。」
　1　だめ　　　　2　取る　　　　3　する　　　　4　できる

② あの人は冷たい。まるで氷(　　)心だ。
　1　ような　　　2　ように　　　3　みたいな　　4　みたいに

③ A「下田君、元気かな。」B「たぶん(　　)のではないだろうか。」
　1　元気な　　　2　元気　　　　3　元気に　　　4　元気で

④ A「どちらにお勤めですか。」B「まだ高校生(　　)ですが。」
　1　な　　　　　2　ん　　　　　3　なの　　　　4　の

⑤ 肩の痛みで腕を上げることができなかったけど、リハビリをして腕が上げられる(　　)。
　1　ようにした　2　ようになった　3　ことになった　4　ことにした

⑥ 用事があって、残念(　　)私は一緒に行けないんです。
　1　だから　　　2　なので　　　3　なのに　　　4　ながら

⑦ うちの子は何度言っても、寝る前に歯を(　　)としないんですよ。
　1　みがこう　　2　みがかず　　3　みがく　　　4　みがき

⑧ 飼い猫が外に(　　)ように、ドアに鍵を掛けておくんです。
　1　出る　　　　2　出ない　　　3　行かず　　　4　行く

問題2 つぎの文の ___★___ に入る最もよいものを、1・2・3・4から一つえらびなさい。

⑨ 富士山には日本人は____ ___★___ ____ ____しに来ます。
1 世界中　　2 登山　　3 から　　4 もとより

⑩ ____ ___★___ ____ ____が欲しいです。
1 友人　　2 なく　　3 気兼ね　　4 話せる

⑪ 両国の関係も____ ____ ___★___ ____だろうか。
1 だんだん　　2 のではない　　3 これから　　4 回復していく

⑫ A「今日は、昼ご飯をずいぶん食べましたね。」
　B「ええ、朝ご飯を____ ____ ___★___ ____んです。」
1 抜いた　　2 すいていた　　3 ので　　4 おなかが

⑬ 失敗____ ___★___ ____ ____作業を進めています。
1 ように　　2 しない　　3 に　　4 慎重

⑭ 交通ルールは、____ ___★___ ____ ____ものだ。
1 基本的な　　2 運転者が　　3 ならない　　4 守らねば

⑮ 赤ちゃんが____ ___★___ ____ ____にとって嬉しいことだ。
1 ことは　　2 親　　3 ようになった　　4 歩ける

⑯ 僕は____ ___★___ ____ ____なりたい。
1 ような　　2 父の　　3 に　　4 立派な大人

합격 공략 | 실전 연습 07

問題3 つぎの文章を読んで、文章全体の内容を考えて 17 から 21 の中に入る最もよいものを、1・2・3・4から一つえらびなさい。

アナウンサー 今日は大阪で生活をしている留学生に、大阪での暮らしについて聞いてみましょう。大阪での生活はどうですか。

A そうですね。やはり交通費が高いですね。通学定期券は割引率が高いので安いですが、どこかに遊びに行く時に高いと感じます。ですから、近くに行く時は、 17 。

B 大阪に 18 ばかりの時の話ですが、日本語学校で習った言葉と違っていたので、大変でした。今はもう方言にも慣れましたが。

C 僕はたこ焼きが好き 19 、大阪のたこ焼きはたこが大きくていいですよね。ビールにたこ焼き、最高です。

D 来日して10年になりました。結婚もしていて、2歳の子供もいます。高級住宅街の芦屋にマイホームを持つのが夢ですので、いっしょうけんめいに仕事をして、お金を 20 います。

E ドラえもんやキティー 21 ねこのキャラクターが多いですよね。ねこは嫌いでしたが、日本に来て、ねこが好きになりました。また大阪はやはり商人の街なんですね。あちこちの店で招き猫を見ますね。

17
1 歩かないようにしています　　2 自転車に乗るようにしています
3 バスで移動することになっています　4 うちにいることにしました

18
1 来る　　2 来た　　3 来ない　　4 来れば

19
1 が　　2 けど　　3 のですけど　　4 なんですが

20
1 払って　　2 貯めて　　3 集めて　　4 使って

21
1 のような　　2 のみたいな　　3 らしい　　4 そうな

합격 공략 | こと・もの 활용 문형

095

～こと　~하구나/~할 것

● 접속 | 명사 · 동사 · い형용사 · な형용사의 보통형

(1) 감탄이나 놀람, 감동 등을 표현하며, 여성들이 주로 사용하고 젊은 사람들은 별로 사용하지 않는다. な형용사의 경우에는「だ」대신에「な」를 넣어 접속하기도 한다.
(2) 어떤 일을 간접적으로 명령하거나 금지할 때 사용된다. 이때는「동사의 사전형 · ない형/동작명사の」에 접속한다.

まあ、函館の夜景はなんときれいだこと。(1) 어머, 하코다테의 야경은 정말 아름답기도 하구나.

許可された者以外は立ち入らないこと。(2) 허가된 자 외에는 들어가지 말 것.

室内ではスリッパをはくこと。(2) 실내에서는 슬리퍼를 신을 것.

✓ 체크　風呂に入る前には体を洗う(① こと　② しか)だ。

096

～ことだ　~하는 것이 좋다, ~하는 것이 상책이다

● 접속 | 동사의 사전형 · ない형

(1) 주어진 상황에서 그렇게 하는 것이 가장 좋은 방법이라는 의미이다. 충고나 조언을 할 때 주로 사용하고 명령의 뉘앙스가 있으므로 주의해야 한다.
(2)「残念だ」·「楽しい」·「嬉しい」등 감정을 나타내는 형용사와 함께 사용하여 감탄을 나타낸다.

⊕ 플러스　～ことだ VS ～ものだ 107

あまり深く考えないで、何でも一度やってみることだ。(1)
너무 깊게 생각하지 말고 뭐든지 한번 해 보는 것이 좋다.

決勝戦で負けてしまって、残念なことだ。(2) 결승전에서 져 버려서 정말 유감이다.

✓ 체크　国立大学に入るためには、すべての科目をきちんと勉強(① する　② した)ことだ。

097

～ことで ～건으로, ～의 일로, ～로 인해

● 접속 | 명사·동사·い형용사·な형용사의 명사 수식형

(1) 관련된 어떤 내용에 대해서 말할 때 사용하며, 「相談する 상담하다」·「質問する 질문하다」 등의 표현과 함께 사용되는 경우가 많다
(2) 「AことでB」의 형태로 A가 원인이 되어 B와 같은 결과가 되었다고 하는 의미이다.

今回の取引のことで、お電話いたしました。⑴ 이번 거래 건으로 전화드렸습니다.

鈴木が先に手を出したことで、大げんかになりました。⑵
스즈키가 먼저 손을 댄 것으로 인해 큰 싸움이 되었습니다.

● 체크 高校受験の (① もので ② ことで) 担任の先生に相談しに行きました。

098

～ことなら ～에 관한 것이라면

● 접속 | 명사·동사·い형용사·な형용사의 명사 수식형

앞에 거론된 내용을 화제 삼아 이야기할 때 사용하는 표현이다. 대부분 「명사+のことなら」의 형태로 사용된다.

映画のことなら、何でも興味があります。 영화에 관한 것이라면 뭐든지 흥미가 있습니다.

文法のことなら、先生に聞くのがよいでしょう。 문법에 관한 것이라면 선생님에게 묻는 것이 좋아요.

日本旅行に関することなら、いつでもご相談ください。
일본 여행에 관한 것이라면 언제든지 상담해 주세요.

● 체크 パソコンの ＿＿＿ ＿★＿ ＿＿＿ ＿＿＿ 方がいいよ。
　　　　① 田中君に　　② 聞いた　　③ なら　　④ こと

099

～ことにする　~하기로 하다

접속 | 동사의 사전형・ない형

(1) 어떤 개인적인 결정이나 결심을 표현한다. 「～ことにしている」의 형태로 어떤 결정을 바탕으로 실제로 실천하고 있는 행동에 대해 말할 때 사용한다.
(2) 동사의 「た」형에 접속하여 어떤 내용을 실제와는 다르게 취급한다는 의미도 있다.

もう9時ですから、そろそろ会議を始める**ことにしましょう**。(1)
이제 9시니까 슬슬 회의를 시작하**기로 합시다**.

授業中には韓国語を使わない**ことにしています**。(1)
수업 중에는 한국어를 쓰지 않**기로 하고 있습니다**.

今までのことは見なかった**ことにする**。(2)
지금까지의 일은 안 본 **것으로 하겠다**.

✓ **체크**　太るから寝る＿＿＿＿ ＿＿＿＿ ★ ＿＿＿＿しているの。
① 食べない　② 直前に　③ ご飯を　④ ことに

100

～ことになる　~하기로 되다

접속 | 동사의 사전형・ない형

자신의 의지와는 상관없이 외부적인 요인에 의해 그렇게 결정되었다는 의미이고, 자신의 의지인 경우에도 어쩌다 보니 자연스럽게 그렇게 되었다고 말할 때 사용한다. 「～ことになっている(~하기로 되어 있다)」의 형태로 규칙이나 예정・약속・법률・관례 등을 말할 때 자주 사용된다.

来月、論文を発表する**ことになりました**。
다음 달에 논문을 발표하**게 되었습니다**.

この試験にパスしないと留年することになる。
이 시험에 통과하지 못하면 유급하게 된다.

この辺は車を止めてはいけないことになっている。
이 주변은 차를 세우면 안 되게 되어 있다.

✓ 체크   勤務中は携帯電話を＿＿＿＿ ＿＿＿ ★ ＿＿＿＿います。

① ことに   ② しまう   ③ ロッカーに   ④ なって

101

～ことは ～けど ~기는 ~하지만

● 접속 | 동사・い형용사・な형용사의 명사 수식형

어떤 동작을 하기는 했는데 그 결과가 본인이 원하던 결과가 아니라는 의미이다. 형용사에 사용되는 경우는 어떤 상태를 부정할 수 없다고 하는 소극적인 뉘앙스의 긍정 표현이 된다.

勉強をしたことはしたけれど、結果に自信がない。
공부를 하기는 했지만 결과에 자신이 없다.

中居は優しいことは優しいけど、女の人にだけなんだよ。
나카이는 다정하기는 하지만, 여자에게만 그래.

いったん約束をしたことはしたが、守れるか心配だ。
일단 약속을 하기는 했지만 지킬 수 있을지 걱정이다.

✓ 체크   うなぎはおいしいこと(① は   ② が)おいしいけど、最近高いよね。

102

～ことはない　～할 필요는 없다, ～할 것까지는 없다

- 접속 | 동사의 사전형

어떤 동작을 할 필요가 없다고 충고하거나 조언할 때 사용한다. 동사의「た형」에 접속하는「～たことがない(～한 적이 없다)」라는 문형도 있으므로 접속 형태에 주의해야 한다. 예 中国のお酒は飲んだことがない。중국 술은 마신 적이 없다.

私一人でもできるから、わざわざあなたまで来ることはない。
나 혼자서도 할 수 있으니까 일부러 당신까지 올 필요는 없다.

もう終わったことだから、そんなに気にすることはない。
이미 끝난 일이니까 그렇게 신경 쓸 것까지는 없다.

家の前まで送ったから、心配することはないよ。
집 앞까지 바래다 줬으니까 걱정할 필요는 없어.

✓ 체크　そこまで(① やる　② して)ことはないよ。

103

～ということだ・～とのことだ
～라고 한다, ～라는 것이다

- 접속 | 명사・동사・い형용사・な형용사의 보통형
- 유사 표현 | ～そうだ ～라고 한다

(1) 누군가에게 들은 내용을 다른 사람에게 전달할 때 사용하는 표현이며, 전문의「～そうだ」와 비슷한 의미이다. 하지만「～ということだ」의 경우에는 추측이나 명령 표현과 함께 사용할 수 있고「～そうだ」에 비해서 훨씬 더 정확도가 높은 표현이라서 뉴스 등에서는「～ということだ」를 사용한다.

(2) 어떤 내용에 대해 단정적이고 주관적으로 결론을 내릴 때 사용한다.

(3) 단어나 표현의 의미를 다시 바꿔 말하거나 어떤 내용을 설명하고 확인할 때 사용한다.

一日にワイン一杯は体にいいとのことだ。(1)
하루에 와인 한 잔은 몸에 좋다고 한다.

このままでも何も問題ないということですね。(2)
이대로도 아무런 문제없다는 것이군요.

つまり、彼には用がないということだ。(3)
다시 말해, 그에게는 볼일이 없다는 것이다.

✓ 체크   今年の＿＿＿＿ ＿＿＿＿ ★ ＿＿＿＿です。
　　　　① ゴールデンウィークは　② との　③ こと　④ 10連休

104

～というものは/～ということは ~라고 하는 것은

● 접속 | 명사+というものは / 동사・い형용사・な형용사의 보통형+ということは

어떠한 보편적인 내용을 화제 삼아서 그에 대한 속성이나 성질 등을 일반화시켜서 말할 때 사용한다. 그 화제에 대한 말하는 사람의 감정이나 생각을 표현할 때도 사용한다. 회화에서는 「～って」・「～ってものは」・「～ってことは」의 형태로 사용되는 경우가 많다.

人生というものは山あり谷ありです。
인생이라고 하는 것은 좋을 때도 있고 나쁠 때도 있습니다.

親というものは子供のために何でもするものだ。
부모라고 하는 것은 아이를 위해서 무엇이든 하는 법이다.

外国語で話し合うということは想像以上に大変だ。
외국어로 이야기를 한다고 하는 것은 상상 이상으로 힘들다.

✓ 체크   人間という(① もの　② こと)は、悩む動物である。

105

～もの・～もん ~거든, ~란 말이야

● 접속 | 동사 · い형용사 · な형용사의 보통형

어떤 이유를 설명하거나 그렇게 할 수밖에 없었다고 변명을 할 때 사용한다. 여성들이 주로 사용하며, 친한 사이에서는 「～もん」을 사용하기도 한다.

これは内緒だよ。誰も知らないんだもの。
이것은 비밀이야. 아무도 모른단 말이야.

A「本当に一人で行けるの？」 "정말로 혼자서 갈 수 있어?"
B「ナビがあるから、大丈夫だもの。」 "내비게이션이 있으니까 괜찮은 걸."

A「手伝おうか。」 "도와줄까?"
B「いいよ。これくらい一人でできるもん。」 "괜찮아. 이 정도 혼자 할 수 있거든."

✓ 체크   A 「よく食べるね。」
　　　　 B 「だって（① おいしいんだ　② まずいんだ）もん。」

106

～ものだ／～ものではない ~하는 법이다／~하는 게 아니다

● 접속 | 동사 · い형용사 · な형용사의 명사 수식형

사회적, 도덕적으로 당연하다고 생각되는 내용을 설명할 때 사용하며, 그 내용은 말하는 사람의 개인적인 의견이 아니라 누가 생각해도 당연히 그러할 것이라는 일반적인 내용이 온다. 보통 진리, 상식, 일반적 사실, 본성 등을 설명한다. 따라서 가벼운 명령이나 조언의 의미도 있다.
회화체에서는 「～もんだ」・「～もんじゃない」의 형태를 사용하기도 한다.

人間はみんな人に言えない事情があるものだ。
인간은 모두 타인에게 말할 수 없는 사정이 있는 법이다.

人生（じんせい）って、結末（けつまつ）が分（わ）からないから、楽（たの）しいものだよね。
인생이라고 하는 것은 결말을 알 수 없으니까 즐거운 법이지.

失礼（しつれい）になるので、大人（おとな）の女性（じょせい）に年（とし）を聞（き）くものではない。
실례가 되므로 성인 여성에게 나이를 묻는 게 아니다.

✅ 체크　小（ちい）さい子（こ）が_____ _____ ★ _____よ。
　　　　① 起（お）きている　② 遅（おそ）くまで　③ ありません　④ ものでは

107

〜ものだ　～하곤 했다, 정말 ～하고 싶다, ～구나

● 접속 | 동사·い형용사·な형용사의 명사 수식형

(1) 「た형」에 접속해서 과거의 일에 대한 회상이나 그리움을 표현한다.
(2) 「〜たい」・「〜ほしい」와 같은 희망을 나타내는 표현에 접속하여 강한 희망을 말할 때 사용한다.
(3) 어떤 내용에 대한 감탄이나 느낀 점을 강조하여 말할 때 사용한다.

➕ 플러스　〜ものだ VS 〜ことだ　096

昔（むかし）はこの辺（へん）をよく散歩（さんぽ）したりしたものだ。⑴
옛날에는 이 주변을 자주 산책을 하곤 했다.

今度（こんど）こそ絶対（ぜったい）に成功（せいこう）してみせたいものだ。⑵
이번에야말로 절대로 성공해 보이고 싶다.

もう12月（がつ）だなんて、時間（じかん）は本当（ほんとう）に早（はや）いものだ。⑶
벌써 12월이라니, 시간은 정말 빠르구나.

✅ 체크　高校時代（こうこうじだい）、学校（がっこう）のトイレでよくタバコを吸（す）った（① もの　② ところ）です。

워밍업

1 한국어 해석을 참고로 괄호 안에 들어갈 말로 알맞은 것을 고르세요.

1. 廊下を走らない（　）。 복도에서 뛰지 말 것.

2. 本によると、昔ここに大きなお城があった（　）。
   책에 의하면 옛날에 여기에 큰 성이 있었다고 한다.

3. 告白した（　）告白したけど、断られそうだ。 고백하기는 고백했는데, 거절당할 것 같다.

4. 人の性格という（　）そう簡単に変わるものではない。
   사람의 성격이라고 하는 것은 그렇게 쉽게 바뀌는 것이 아니다.

5. 若い頃、よくお酒を飲んだ（　）です。 젊었을 때, 자주 술을 마시곤 했습니다.

6. 飛行機の（　）、私に聞いてね。 비행기에 관한 것이라면 나에게 물어봐.

7. 風邪を引いたから、会社を休む（　）しました。
   감기에 걸렸기 때문에 회사를 쉬기로 했습니다.

8. 車を売った（　）はお金がないからだろう。
   차를 팔았다고 하는 것은 돈이 없기 때문이겠지.

9. まだ時間があるから急ぐ（　）でしょう。 아직 시간이 있으니까 서두를 필요는 없겠죠.

10. 図書館では大声で話す（　）。 도서관에서는 큰 소리로 말하는 것이 아니다.

---

① ものは　② ことは　③ ことに　④ ことはない　⑤ もの
⑥ ということ　⑦ ものではない　⑧ とのことだ　⑨ こと　⑩ ことなら

2 힌트를 참고로 괄호 안에 들어갈 알맞은 문형을 찾아 쓰세요.

11. お金と(　　)ものはなくては困るけど、あり過ぎても困る。

12. そんなに一生懸命にする(　　)はないよ。

13. 彼女に会ったことは会ったが、自分勝手だから付き合わない(　　)にしたよ。

14. 私達は来年結婚する(　　)になりました。

15. A「毎日彼に電話しているの？」 B「毎日声が聞きたいんだ(　　)。」

> 힌트
>
> ① が　　② は　　③ いう　　④ ばかり　　⑤ こと
> ⑥ ところ　⑦ よう　⑧ もの　　⑨ で　　　⑩ の

3 다음 문장을 잘 읽고 괄호 안에 들어갈 말로 알맞은 것을 고르세요.

16. 日本について知りたいなら、まず日本人と知り合いに(① なる　② する)ことだ。

17. 北海道は日本らしくない風景が広がっている(① もので　② ことで)有名です。

18. 何でもかんでも人に聞く(① ものだ　② ものではない)。自分の頭で考えなさい。

19. 新聞によると今回の大雨で多くの被害が出たとの(① こと　② そう)だ。

20. 遺産相続の(① こと　② もの)なら専門家に任せた方がいいね。

> 정답
>
> 1 ⑨　2 ⑧　3 ②　4 ①　5 ⑤　6 ⑩　7 ③　8 ⑥　9 ④　10 ⑦
> 11 いう　12 こと　13 こと　14 こと　15 もの　16 ①　17 ②　18 ②　19 ①　20 ①

합격 공략 | 실전 연습 08

問題1 つぎの文の(　　　)に入れるのに最もよいものを、1・2・3・4から一つえらびなさい。

1 A「このスパゲッティ、どう？おいしいでしょ？」
　B「本当だ。なんとおいしい(　　)。」
　1　こと　　　　2　ところ　　　　3　もの　　　　4　ばかり

2 ロンドンに住んでいた時は、よくスコーンを食べた(　　)だよ。
　1　こと　　　　2　ところ　　　　3　もの　　　　4　ばかり

3 A「おじいさん、お元気？」
　B「(　　)ことは元気だけど、もう年だから。」
　1　元気な　　　2　元気　　　　　3　元気に　　　　4　元気で

4 あんなばかを相手にする(　　)ありませんよ。
　1　ことでは　　2　ものじゃ　　　3　には　　　　　4　とは

5 卒業できないということは、就職もできないことに(　　)ね。
　1　ない　　　　2　ものです　　　3　します　　　　4　なります

6 父島は豊かな自然が残っている(　　)、最近観光客が増えている。
　1　ことで　　　2　なので　　　　3　だから　　　　4　ものに

7 誰でもするミスだよ。そこまで深刻に考える(　　)はないよ。
　1　ばかり　　　2　もの　　　　　3　こと　　　　　4　というの

8 君の(　　)、僕が一番分かっているよ。
　1　ことには　　2　こととは　　　3　ことなら　　　4　ことはなく

/ 21

問題2 つぎの文の ★ に入る最もよいものを、1・2・3・4から一つえらびなさい。

⑨ 子供と＿＿＿ ★ ＿＿＿ ＿＿＿良く話すものです。

1　いう　　　　2　都合　　　　3　ものは　　　4　自分に

⑩ 私は毎日＿＿＿ ＿＿＿ ★ ＿＿＿います。

1　ことに　　　2　つける　　　3　日記を　　　4　して

⑪ A「山田も田山も明日行けなくなったって。」

　B「いいよ。＿＿＿ ★ ＿＿＿ ＿＿＿。」

1　でも　　　　2　一人　　　　3　行く　　　　4　もん

⑫ A「野沢さんって、最近忙しいんですか。」

　B「あ、彼？先週1週間、＿＿＿ ＿＿＿ ★ ＿＿＿だよ。」

1　こと　　　　2　毎日　　　　3　との　　　　4　残業だった

⑬ 夫婦げんかをしても、絶対に＿＿＿ ★ ＿＿＿ ＿＿＿ことだ。

1　両親の　　　2　悪口は　　　3　相手の　　　4　言わない

⑭ 福山君はイケメンな＿＿＿ ＿＿＿ ★ ＿＿＿が低いんだよね。

1　ことは　　　2　背　　　　　3　だけど　　　4　イケメン

⑮ 時間に余裕があるから、＿＿＿ ★ ＿＿＿ ＿＿＿よ。

1　ことは　　　2　そんなに　　3　ありません　4　急ぐ

⑯ 来週、父が＿＿＿ ＿＿＿ ★ ＿＿＿ので、一日休暇を取った。

1　ことに　　　2　田舎から　　3　来る　　　　4　なっている

합격 공략 | 실전 연습 08

問題3　つぎの文章を読んで、文章全体の内容を考えて 17 から 21 の中に入る最もよいものを、1・2・3・4から一つえらびなさい。

チャールスは、アメリカから日本に来て、日本の会社に 17 いる。アメリカではあまり日本語の勉強をしていなかったので、日本についてからしばらくの間は、日本人の同僚たちとコミュニケーションがうまくいかず、ずいぶん困った。 18 週末、日本語学校で勉強をしているうちに、少しずつ日本語も分かってきて、毎日の仕事もうまくいくようになっていった。

半年後に年末がやってきた。日本人は 19 すぎる、もっと休んだ方がいい、という欧米からのプレッシャーもあり、チャールスの会社も12月28日から1月5日まで休みと決まった。チャールスはアメリカの家族に会いたかったので、その休みを利用してアメリカへ帰る 20 。

27日の午後、会社の仕事が終わってオフィスを出る時、みんなに日本語で、「Happy New Year!」を言おうと思い、「あけましておめでとうございます。」と言った。ところが同僚たちはクスクスと笑った。発音が悪かったのかと思い、アクセントに注意してもう一度、「あけましておめでとうございます。」と言った。 21 また笑い声が起こった。

一番近くにいた同僚が、「そのあいさつはお正月に使うあいさつだよ。年末には『よいお年を。』と言うんだよ。」と教えてくれた。チャールスは恥ずかしかったが、また一つ新しい日本語の表現を覚えた。

17
1 労働して　　2 仕事して　　3 勤めて　　4 働いて

18
1 しかし　　2 しかも　　3 そして　　4 その上

19
1 働く　　2 働き　　3 働け　　4 働いて

20
1 ものにした　　2 ものになった　　3 ことにした　　4 ことになった

21
1 ところで　　2 さて　　3 いざ　　4 すると

합격 공략 | ところ·はず·わけ 활용 문형

108

〜ところ ~하는 바, ~하기로는/~한 바, ~했더니

● 접속 | 동사의 사전형/た형

(1) 동사의 사전형에 접속하여, 「〜ところによると・〜ところによれば」의 형태로 자주 사용된다. 전달할 내용에 대한 출처를 말할 때 사용하며, 「〜らしい」・「〜そうだ」・「〜ということだ」와 같은 전문 표현과 함께 사용되는 경우가 많다.
(2) 동사의 과거형 「た형」에 접속하여 어떤 동작을 한 것에 대한 결과를 설명할 때 사용한다. 상황에 따라 '~한 바, ~했더니'로 해석한다.

聞く**ところ**によると、あの人は韓国の有名な俳優だそうです。⑴
들은 **바**에 의하면 저 사람은 한국의 유명한 배우라고 합니다.

友達が話す**ところ**、明日の授業は休講だということだ。⑴
친구가 말하기**로는** 내일 수업은 휴강이라고 한다.

調べてみた**ところ**、不審な点はありませんでした。⑵
조사해 본 **바** 수상한 점은 없었습니다.

✓ 체크 現地に住んでいる人に(① 聞く ② 聞いている)ところ、治安はそんなに悪くないとのことです。

109

〜ところだ ~하려는 참이다/막 ~한 참이다/한창 ~하고 있는 중이다

● 접속 | 동사의 사전형·た형·ている형

(1) 「동사의 사전형+ところだ」는 어떤 동작을 막 시작하려고 하는 그 순간을 말한다.
(2) 「동사의 た형+たところだ」는 어떤 동작을 막 끝낸 시점에서 말할 때 사용한다.
(3) 「동사의 て형+ているところだ」는 어떤 동작을 한창 하고 있는 중임을 표현한다.

➕ 플러스 〜たところだ VS 〜たばかりだ 057

ちょうどこれから外回りに出かけるところです。⑴
마침 지금 외근하러 나가**려는 참입니다**.

その書類なら、たった今、鈴木さんに渡したところだよ。⑵
그 서류라면 지금 스즈키 씨에게 **막 건네 준 참이야**.

まだ考えているところなので、もう少し待ってください。⑶
아직 생각하**고 있는 중**이니까 조금 더 기다려 주세요.

✅ 체크　今からご飯を(① 食べる　② 食べている)ところです。

110

～どころではない　~할 상황이 아니다

접속 | 명사/동사의 사전형・ている형

어떤 행동을 할 만한 여유가 없거나 상황이 여의치 않다는 의미이다. 회화체이므로 논문 등의 문장체에서는 사용하지 않는다.

借金が多くて、貯金するどころじゃない。
빚이 많아서 저금할 **상황이 아니다**.

明日引っ越しするので、ゆっくり休むどころではない。
내일 이사하기 때문에 푹 쉴 **상황이 아니다**.

仕事が多くて旅行どころではない。
일이 많아서 여행할 **상황이 아니다**.

✅ 체크　仕事が忙しくて、(① 映画　② 映画の)どころじゃないよ。

111

～はずがない　～일 리가 없다, ~할 리가 없다

접속 | 명사・동사・い형용사・な형용사의 명사 수식형

유사 표현 | ～わけがない ～일 리가 없다, ~할 리가 없다

말하는 사람의 판단을 근거로 그럴 가능성이 전혀 없다고 강하게 부정하는 추측 표현이다. 회화체에서는 「～はずない」의 형태로도 사용된다.

あんなにかわいいんだから、彼氏がいない**はずがない**。
저렇게 귀여운데 남자친구가 없을 리가 없다.

優しい彼が人にそんなひどいこと言う**はずがない**。
상냥한 그가 남에게 그런 심한 말을 할 리가 없다.

不規則な生活が体にいい**はずがない**。 불규칙한 생활이 몸에 좋을 리가 없다.

✅ **체크**　いつも遅刻している彼が＿＿＿　★　＿＿＿　＿＿＿よ。

① はずが　　② 来る　　③ ない　　④ 時間通りに

112

～はずだ　당연히 ~할 것이다, 분명 ~임이 틀림없다

접속 | 명사・동사・い형용사・な형용사의 명사 수식형

(1) 어떠한 근거나 상황을 바탕으로 말하는 사람이 강하게 확신하는 추측 표현이다.
(2) 의심스럽게 생각했던 내용에 대하여 납득할 때도 사용한다. 「どうりで ～はずだ(어쩐지 ~하더라)」의 형태로 자주 사용된다.
(3) 당연하다고 생각했던 일이 실제로 그렇지 않다는 유감이나 후회의 기분을 나타낸다.
(4) 제3자의 예정을 말할 때도 사용한다. 예 彼は今年、国へ帰るはずだ。 그는 올해 고국에 돌아갈 것이다.

➕ **플러스** ～はずだ VS ～わけだ 114

ご存じのはずだと思いますが、もう一度ご説明いたします。(1)
분명 아실 **거라** 생각하지만 한 번 더 설명 드리겠습니다.

A「事故があったんだって。」 "사고가 있었대."
B「どうりで道が混んでいるはずだ。」(2) "어쩐지 차가 막히더라."

私の財布、ここに置いたはずなんだけど、ないわ。(3)
내 지갑, 여기에 둔 것이 **틀림 없는데**, 없어.

✅ **체크** あれから 5 年になります。社会人に_____ _____ ★_____ _____です。
① はず　　② 仕事を　　③ している　　④ なって

113

〜わけがない 〜일 리가 없다

접속 | 명사・동사・い형용사・な형용사의 명사 수식형(명사 の → な 접속)

유사 표현 | 〜はずがない 〜일 리가 없다

비교적 확실한 근거를 가지고 그럴 가능성은 거의 없다고 강하게 부정하는 표현이며, 말하는 사람의 주관적인 판단인 경우가 많다.

近くに駅があるから、静かなわけがない。
근처에 역이 있기 때문에 조용할 **리가 없다**.

有名なブランドだから、値段が安いわけないじゃない。
유명한 브랜드니까 가격이 쌀 **리가 없잖아**.

前年度の優勝チームに勝てるわけがない。
전년도 우승팀을 이길 수 있을 **리가 없다**.

✅ **체크** 正直な彼が_____ _____ ★_____ _____よ。
① わけが　　② つく　　③ うそを　　④ ない

114

～わけだ ～것이다, ～셈이다

접속 | 명사 · 동사 · い형용사 · な형용사의 명사 수식형(명사 の → な 접속)

(1) 당연한 결론이나 자연스러운 결과, 필연적인 결과를 나타낸다.
(2) 어떤 이유를 설명하거나 사정이나 이유를 듣고 납득할 때 사용한다.
(3) 「AはつまりBわけだ(A는 다시 말해 B라는 것이다)」의 형태로 다른 말로 바꿔 말할 때 사용한다. 예 つまりずっとペーパドライバーだったわけだ。즉, 계속 장롱 면허였던 것이다.

➕ 플러스 ～わけだ VS ～はずだ 112

一月に日本に来たから、今月でちょうど一年になる**わけだ**。(1)
1월에 일본에 왔으니까 이번 달로 딱 1년이 되는 **셈이다**.

電車が故障して、約束に遅れた**わけですね**。(2)
전철이 고장 나서 약속에 늦은 **거군요**.

彼に話したせいで、みんなにばれたという**わけだ**。(2)
그에게 말한 탓으로 모두에게 들키게 된 **것이다**.

✓ 체크   A 「人身事故で電車が遅れていました。」
　　　　　　B 「どうりで遅刻が多い(① わけ　② こと)だ。」

115

～わけではない 반드시 ～하는 것은 아니다

접속 | 명사 · 동사 · い형용사 · な형용사의 명사 수식형(명사 の → な 접속)

(1) 당연히 예상되는 내용을 부분적으로 부정할 때 사용하는 표현이다.
(2) 거절 등의 부정적인 표현을 부드럽게 돌려 말할 때도 사용한다.

「必ずしも(반드시)」·「特に(특히)」·「別に(별로, 특별히)」·「全部(전부)」·「全然(전혀)」·「まったく(전혀)」·「～からといって(～때문이라고 해서)」·「～といっても(～라 해도)」와 같은 표현과 함께 자주 사용된다.

彼も最初からスポーツが上手だった**わけじゃない**よ。⑴
그도 처음부터 스포츠를 잘했던 **것은 아니야**.

努力したからといって、必ずしも成功する**わけではない**。⑴
노력했다고 해서 반드시 성공하는 **것은 아니다**.

仕事が忙しい**わけではない**ですが、遊びに行く余裕はありません。⑵
일이 바쁜 **건 아니지만** 놀러 갈 여유는 없습니다.

✅ 체크 日本人だからといって、皆、梅干が食べられる（① わけ　② こと）ではない。

116

〜わけにはいかない ~할 수는 없다

● 접속 | 동사의 사전형·ない형

어떠한 동작을 하고 싶어도 사회적인 상식이나 통념, 또는 말하는 사람의 심리적인 이유로 그렇게 할 수 없다는 의미의 표현이다. 동사의 부정형에 접속하면 그렇게 하고 싶지 않지만 위와 같은 이유로 그렇게 할 수밖에 없다는 의미가 된다.

大事な試合があって、休む**わけにはいかない**んだ。
중요한 시합이 있어서 쉴 **수는 없어**.

みんな忙しいから、手伝わない**わけにはいかない**。
모두 바쁘기 때문에 돕지 않을 **수 없다**.

どんなに辛くても簡単に諦める**わけにはいかない**よ。
아무리 괴로워도 간단히 포기할 **수는 없어**.

✅ 체크 3歳の子を一人＿＿＿ ＿＿＿ ★＿＿＿ にはいきません。
　　　① 出かける　　② 置いて　　③ わけ　　④ 家に

워밍업

1 한국어 해석을 참고로 괄호 안에 들어갈 말로 알맞은 것을 고르세요.

1. 父に借金があり大学に通っている（　　）ではないんだ。
아버지에게 빚이 있어서 대학에 다니고 있을 상황이 아니다.

2. 酒好きの彼がワインが（　　）わけがない。 애주가인 그가 와인을 못 마실 리가 없다.

3. 今日はセールだから卵が安い（　　）。 오늘은 세일이니까 분명 계란이 쌀 것이다.

4. 友達にお金を借りる（　　）いきません。 친구에게 돈을 빌릴 수는 없습니다.

5. 彼が嫌いな（　　）ないけど話したくはない。 그가 싫은 것은 아니지만 말하고 싶지는 않다.

6. いつも忙しい彼が、今日暇な（　　）よ。 항상 바쁜 그가 오늘 한가할 리가 없어.

7. A「待った？」 B「ううん、今（　　）ところだよ。」
A "기다렸어?"　　B "아니, 지금 막 왔어."

8. A「彼女、北海道出身なんだって。」
B「どうりでスキーが（　　）わけだよ。」
A "그 여자, 홋카이도 출신이래."　B "어쩐지 스키를 잘 타더라."

9. 新聞が（　　）ところ、全員死亡とのことだ。 신문이 전하는 바로는 전원 사망이라고 한다.

10. お手洗いで用を足している（　　）ですよ。 화장실에서 볼일을 보고 있는 중이에요.

| ① わけでは | ② うまい | ③ どころ | ④ はずがない | ⑤ わけには |
| ⑥ 来た | ⑦ はずだ | ⑧ 伝える | ⑨ だめな | ⑩ ところ |

2 힌트를 참고로 괄호 안에 들어갈 알맞은 문형을 찾아 쓰세요.

11. 1か月前に無事に手術が終わったから、今ごろ、彼は元気(　　)はずだよ。

12. 彼女の手料理を残すはず(　　)ないよ。

13. 給料日前で外食どころ(　　)ありません。

14. 子供が動物園に行きたがっているので、行かないわけ(　　)いかない。

15. このレストランは高いけど、そんなにおいしいわけ(　　)ないよ。

힌트

① が　② は　③ な　④ の　⑤ では
⑥ には　⑦ けど　⑧ もの　⑨ こと　⑩ ところ

3 다음 문장을 잘 읽고 괄호 안에 들어갈 말로 알맞은 것을 고르세요.

16. 今, そちらに向かって出発した(①ところ　②こと)です。

17. のんびりしている(①こと　②どころ)じゃないって、僕も知ってるけど。

18. 明るい人だからといって、悩みがない(①はずではない　②わけではない)。

19. 何回も覚えた(①はず　②もの)なのに、緊張して全然思い出せなかった。

20. みんなの前で約束したから、破る(①わけ　②こと)にはいかない。

정답

1③　2⑨　3⑦　4⑤　5①　6④　7⑥　8②　9⑧　10⑩
11 な　12 が/は　13 では　14 には　15 では　16 ①　17 ②　18 ②　19 ①　20 ①

합격 공략 | 실전 연습 09

問題1 つぎの文の（　）に入れるのに最もよいものを、1・2・3・4から一つえらびなさい。

1 今は昼休みだから、佐藤さんは社員食堂にいる（　　）。
1　はずだ　　　2　ことだ　　　3　はずがない　　　4　わけがない

2 友達（　　）、駅前は火災の影響で通行止めになっているとのことだよ。
1　によって　　　2　により　　　3　によるところ　　　4　のところ

3 ドラマ好きの彼女が、このドラマを（　　）わけがないよ。
1　見る　　　2　見ている　　　3　見ていない　　　4　見える

4 愛する妻が作った料理だから、まずくても（　　）わけにはいかないよ。
1　食べる　　　2　食べた　　　3　食べない　　　4　食べられる

5 A「上田、風邪だって。」
　　B「どうりでいつもうるさい上田が、今日は（　　）わけだよ。」
1　元気な　　　　　　　　　　2　おとなしくない
3　うるさい　　　　　　　　　4　静かな

6 すみません。家を出るのが遅くなって今そちらに（　　）ところです。
1　行っている　　　2　来ている　　　3　やっている　　　4　向かっている

7 あんな頭の悪い人が、京都大学の（　　）はずがない。
1　学生　　　2　学生の　　　3　学生な　　　4　学生だ

8 僕は特に優秀な（　　）わけではないよ。
1　留学生　　　2　留学生も　　　3　留学生だった　　　4　留学生でした

問題2　つぎの文の ＿＿★＿＿ に入る最もよいものを、1・2・3・4から一つえらびなさい。

9　教師の勤務環境の悪化が問題になっていて、＿＿＿ ＿＿＿ ★ ＿＿＿いる。

1　きて　　　　2　なくなって　　3　授業の準備　　4　どころでは

10　昨日スーパーで＿＿＿ ★ ＿＿＿ ＿＿＿に置いたっけ。

1　買ってきた　　2　どこ　　　　3　はず　　　　4　なんだけど

11　お酒は全然飲めないんだけど、上司が＿＿＿ ＿＿＿ ★ ＿＿＿いかないな。

1　わけには　　2　すすめる　　3　飲まない　　4　から

12　女の子に＿＿＿ ＿＿＿ ★ ＿＿＿けど、男友達といた方が楽なんだよ。

1　んだ　　　2　ない　　　3　興味が　　　4　わけじゃない

13　まさかあいつが＿＿＿ ★ ＿＿＿ ＿＿＿はずがないでしょう。

1　裏切る　　2　行動を　　3　みんなを　　4　する

14　A「昨日は夕日がきれいでしたよ。」
　　B「それで＿＿＿ ＿＿＿ ★ ＿＿＿ね。」

1　わけ　　　2　お天気な　　3　今日は　　　4　です

15　新聞の＿＿＿ ★ ＿＿＿ ＿＿＿大きな地震が起こる可能性が高いようですよ。

1　ところ　　2　以内に　　3　数年　　　4　伝える

16　ちょうど今＿＿＿ ＿＿＿ ★ ＿＿＿ですよ。

1　出た　　　2　お風呂から　　3　なん　　　4　ところ

합격 공략 | 실전 연습 09

問題3 つぎの文章を読んで、文章全体の内容を考えて 17 から 21 の中に入る最もよいものを、1・2・3・4から一つえらびなさい。

　今、この問題集の原稿のしめきり日が近づいている。だが今海外にいる。本当は 17 どころではないのかもしれないが、来てしまった。だが、気分を変えるために海外に来て原稿を書くのもよいものだ。一日中家の中で原稿を書いているよりはいい。

　あの有名な村上春樹氏も小説の原稿は海外で書くと聞いた。どこかの国に何か月 18 滞在して書くとのことだ。海外で書いた方がいいアイデアが出るのかもしれない。私も今、この文章問題の文章が 19 頭の中から出てきている。

　今、皆さんも近づいてきている日本語能力試験日のため、ストレスを 20 ながら、この問題集の問題を熱心に解いていることだろう。どこで解いているのだろうか。家？図書館？学校？トイレの中？たまにはいつもと違う場所で解くのもよいだろう。電車やバスに乗って、海まで行き、海を見ながら勉強するのも良い。ざあざあという波の音を聞きながら、日本語の勉強なんて 21 。皆さんが、いつもとは違う場所で一生懸命に勉強し、Ｎ３に合格することを今私は祈っている。

17
1　これ　　　　2　それ　　　　3　あれ　　　　4　どれ

18
1　に　　　　　2　が　　　　　3　も　　　　　4　で

19
1　もみもみ　　2　ぴょんぴょん　3　こんこん　　4　どんどん

20
1　ため　　　　2　いれ　　　　3　すすめ　　　4　はいり

21
1　すてきなわけじゃないだろう　　2　すてきではないか
3　すてきだったはずがない　　　　4　すてきなところではない

합격 공략 | 가정·조건 표현

117

～と ~하면

● 접속 | 명사·동사·い형용사·な형용사의 사전형·ない형(명사·な형용사의 현재형 だ)

앞에서 이야기하는 내용이 성립되면 반드시 뒤에 나오는 내용도 성립되어야 한다는 의미의 표현이다. 일반적인 진리·습관·자연 현상·기계의 조작·공식·길 안내 등 필연적으로 그렇게 되어야 하는 내용을 말하므로, 뒤 문장에는 의지·명령·판단·허가·희망·권유 등의 표현은 올 수 없다. 조건 표현 중 사용 범위가 가장 좁다.

예) プサンに着くと連絡ください。 부산에 도착하면 연락주세요. (×)
　　桜が咲くと、花見に行きたいです。 벚꽃이 피면 꽃구경을 가고 싶습니다. (×)
　　みんな集まると出発しましょう。 모두 모이면 출발합시다. (×)

手を当てると、ドアが開きます。 손을 대면 문이 열립니다.

今すぐ家を出ないと、会議に遅刻します。 지금 바로 집을 나서지 않으면 회의에 지각합니다.

長時間スマホの画面を見ていると視力が落ちやすくなります。
장시간 스마트폰 화면을 보고 있으면 시력이 떨어지기 쉽습니다.

✓ 체크　この辺は春に (① なると　② ならば) 桜が咲いてきれいなんです。

118

～ば ~하면

● 접속 | 명사·동사·い형용사·な형용사의 ば형

필연적인 결과·자연현상·일반적이고 보편적인 사실·과거의 습관·속담·관용어구 등에 주로 사용되는 표현이며, 이런 의미인 경우에는 「～と」와 바꿔 쓸 수 있다. 실제로 일어나지 않은 일을 가정할 때도 사용하며, 「～ば」는 제시하는 조건이 성립되지 않는 반대의 상황을 머릿속에 가정하고 말하는 뉘앙스의 표현이다. 「～と」와 마찬가지로 뒤 문장에는 의지·명령·판단·허가·희망·권유 등의 표현을 사용할 수 없다.

예) みんな集まれば、出発しましょう。 모두 모이면 출발합시다. (×)
　　受験が終われば、遊びに行きたい。 수험이 끝나면 놀러 가고 싶다. (×)

단, 앞의 문장이 상태를 표현하는 경우에는 사용할 수 있다.
예 時間があれば、電話してください。 시간이 있으면 전화해 주세요. (○)
　　寒ければ、こたつをつけよう。 추우면 고타쓰를 켜자. (○)
예시의 '시간이 있으면', '추우면' 이 부분이 상태를 나타내므로 위와 같은 문장은 성립한다.

急げば間に合うから、走って行こう。 서두르면 시간에 맞출 수 있으니까 뛰어 가자.
英語で説明しなくてもよければ、私がします。 영어로 설명하지 않아도 된다면 제가 하겠습니다.
体が丈夫じゃなければ、この仕事は無理です。 몸이 튼튼하지 않으면 이 일은 무리입니다.

✅ 체크　(① がんばらねば　② がんばれば)、きっと成功するよ。

119

～たら ~하면

● 접속 | 명사・동사・い형용사・な형용사의 た형

「～と」와는 반대로 가장 사용할 수 있는 범위가 넓은 표현이다. 어떤 상황을 가정하거나 조건을 제시하는 경우, 동작의 결과, 시간이 지나면 자연스럽게 실현되는 경우, 100% 확실한 미래, 현실적으로 불가능한 일 등을 가정할 때 사용한다. 특히 100% 확실한 미래를 말할 때는 「～たら」만 사용할 수 있다. 「～と」・「～ば」와 달리 뒤에 오는 문장의 형태에 거의 제약이 없으므로 널리 사용할 수 있는 표현이다.

예 仕事が終わったら飲みに行きましょう。 일이 끝나면 한잔 하러 갑시다. (○)
　　仕事が終わると飲みに行きましょう。(×) / 仕事が終われば飲みに行きましょう。(×)

今の状況をどうしたらいいのかまったく分からない。 지금 상황을 어떻게 하면 좋을지 전혀 모르겠다.
先生にだめだと言われたら、やめるしかない。 선생님에게 안 된다고 들으면 그만둘 수밖에 없다.
今度、合格できなかったら、また来年受けましょう。
이번에 합격하지 못하면 다시 내년에 응시합시다.

✅ 체크　週末に(① なると　② なったら)私は母のいるうちに帰るつもりです。

120

～なら ～할 거라면, ～라면

● 접속 | 명사·동사·い형용사·な형용사의 보통형(명사·な형용사의 현재형 だ)

앞에서 말한 화제를 다시 받아 말하는 경우, 그 내용을 바탕으로 어떤 충고나 제안·판단 등을 할 때 사용하는 표현이다. 동사의 경우 '~할 거라면'이라고 하는 해석이 자연스러운 문장이면 「～なら」를 사용해야 하는 문장이라고 생각해도 된다.
또한 뒤 문장에 오는 일이 먼저 성립된 후에 앞 문장의 내용이 나중에 성립되는 경우에는 「～なら」를 사용하며, 「～たら」 표현과는 다른 의미의 표현이 된다.

예) 韓国に来たら、電話してください。 한국에 오면 전화해 주세요. (한국에 오고 나서 전화함) / 韓国に来るなら、電話してください。 한국에 올 거라면 전화해 주세요. (한국에 오기 전에 전화함)

家族に話せない秘密も、彼女に**なら**何でも話せます。
가족에게 말할 수 없는 비밀도 그녀에게 **라면** 뭐든지 말할 수 있습니다.

雪の写真を撮るため**なら**、北海道よりいい所はないよ。
눈 사진을 찍기 위해서**라면** 홋카이도보다 좋은 곳은 없어.

携帯を買う**なら**、安い店を紹介します。 휴대폰을 살 **거라면** 싼 가게를 소개하겠습니다.

● 체크 A 「日本語の勉強を始めたいんだけど。」
　　　　B 「日本語を勉強(① したら　② するなら)この本がいいよ。」

121

～さえ ～ば ～만 ～하면

● 접속 | 명사/동사의 ます형·て형/い형용사의 어간 く/な형용사의 어간 で+さえ　～ば형

어떤 상황의 최소한의 조건을 말할 때 사용한다. 접속 형태가 다양하므로 주의해야 한다. い형용사는 「～くさえ ～あれば」, な형용사는 「～でさえ ～あれば」의 형태로 접속한다.

好きだという気持ちさえあれば、身長の差なんて関係ない。
좋아하는 마음만 있으면 키 차이 같은 건 관계없다.

韓国人はパスポートを持ってさえいれば、日本に入国できる。
한국인은 여권을 가지고만 있으면 일본에 입국할 수 있다.

忙しくさえなければ、釣りに付き合ってあげたいんですが。
바쁘지만 않으면 낚시하러 같이 가 주고 싶습니다만.

✓ 체크   お金_____ _____ ★ _____結婚できるのに。
　　　　① でも　　② あれば　　③ さえ　　④ 今すぐに

122

～たらおわりだ・～たらおしまいだ
～하면 끝이다

● 접속 | 동사의 た형

어떤 일이 발생하거나 또는 어떤 동작을 하게 되면 좋지 않은 상황이 되어 버린다는 의미이다.

今度失敗したらそれでおわりだから、気を付けてください。
이번에 실패하면 그걸로 끝이니까 조심하세요.

いくら夫婦でも、それを言ったらおわりだ。
아무리 부부라도 그것을 말하면 끝이다.

死んだらおしまいだよ。生きていればいつかいいことがあるよ。
죽으면 끝이야. 살아 있으면 언젠가 좋은 일이 있을 거야.

✓ 체크   決勝戦でミスを(① したら　② するなら)それでおしまいだ。

123

〜というと・〜といえば/〜といったら

〜라고 하면/〜라고 말할 것 같으면

● 접속 | 명사

대화 중에 문득 떠오른 내용을 화제 삼거나 상대방이 한 말을 다시 받아 말할 때 사용한다. 「〜といったら」는 어떤 화제에 대한 놀람·감탄·감동 등을 표현할 때도 사용된다.

京都というと、古いお寺や神社などで有名な所です。
교토라고 하면 오래된 절이나 신사 등으로 유명한 곳입니다.

長崎の名物といえば、カステラです。
나가사키의 명물이라고 하면 카스텔라입니다.

あの時の驚きといったら、言葉も出ないくらいだ。
그 때의 놀람으로 말할 것 같으면 말도 나오지 않을 정도이다.

✓ 체크　年末(① というなら　② といったら)、やはり紅白歌合戦ですよね。

124

〜によると・〜によれば　〜에 의하면, 〜에 따르면

● 접속 | 명사

어떤 내용을 전달하면서 그 내용의 근거나 출처를 말할 때 사용한다. 문장 끝에 「〜そうだ」·「〜ということだ」·「〜らしい」 등의 표현과 함께 쓰인다.

友達の話によると先生は今月で学校をやめるそうだ。
친구의 이야기에 의하면 선생님은 이번 달로 학교를 그만둔다고 한다.

A「明日、雨かな」B「天気予報によると、明日は青空が広がるそうですよ。」
A "내일 비 오려나." B "일기 예보에 의하면 내일은 날씨가 갠다고 해요."

うわさによれば、あの二人は付き合っているらしい。
소문에 의하면 저 두 사람은 사귀고 있다는 것 같다.

✅ 체크   ニュース＿＿＿ ＿＿＿ ★ ＿＿＿したって。
① によると　　② 入り　　③ 関東地方は　　④ 梅雨

125

～ば ～ほど ～하면 ～할수록

● 접속 | 명사·동사·い형용사·な형용사의 ば형 ～명사 수식형+ほど

하나의 단어를 두 번 반복해서 사용하여 한쪽의 상태가 변화하면 그에 따라 뒤의 내용도 함께 변화한다는 의미이다. 명사와 な형용사는 「～であれば ～ほど」의 형태로도 접속할 수 있다.
예 便利であれば便利なほど。 편리하면 편리할수록.

給料は高ければ高いほどいいものです。
급여는 비싸면 비쌀수록 좋은 법입니다.

京都の町は行けば行くほどその素晴らしさが分かる。
교토의 거리는 가면 갈수록 그 멋짐을 알 수 있다.

英語が上手ならば上手なほど旅行が便利になる。
영어를 잘하면 잘할수록 여행이 편리해진다.

✅ 체크   タイ語は勉強すればする（① ほど　② くらい）おもしろくなります。

126

～ばいい ～하면 된다

접속 | 명사・동사・い형용사・な형용사의 ば형(p.10-11 활용형 참고)

어떤 일이 실현되길 바라거나, 제시하는 내용이 좋은 방법이라고 하는 의미이다.「～といい」・「～たらいい」와 바꿔 쓸 수 있다.「～ばよかったのに」와 같은 과거의 형태로 사용하여 '～하면 좋았을 텐데'라는 의미로 후회를 표현하기도 한다.

山で道に迷ったら、どうすればいいですか。
산에서 길을 헤매면 어떻게 **하면 됩니까**?

最初からうそをつかず、真実を言えばよかったのに。
처음부터 거짓말을 하지 말고 진실을 말하**면 좋았을 텐데**.

家で休めばいいのだろうが、今日は仕事が山積みだ。
집에서 쉬**면 좋겠지만** 오늘은 일이 산더미이다.

체크 何時までに(① 来れば ② 来るなら)いいですか。

127

～も ～ば ～も ～도 ～뿐만 아니라 ～도, ～도 ～면 ～도

접속 | 명사+も ～동사・い형용사・な형용사의 ば형 ～명사+も
유사 표현 | ～も ～し ～も ～도 ～하고 ～도

두 가지의 내용을 제시하고 그 모두가 다 그러하다는 의미이다. 부정 표현의 경우「～も ～なければ ～も」의 형태로 사용된다.

犬が好きな人もいれば、嫌いな人もいる。
개를 좋아하는 사람도 있고, 싫어하는 사람도 있다.

人生はいい時もあれば、悪い時もある。
인생은 좋을 때도 있고, 나쁠 때도 있다.

旅行したいけど、暇もなければお金もありません。
여행을 하고 싶지만 여유도 없을 뿐더러 돈도 없습니다.

✅ 체크 世の中には＿＿＿ ＿＿＿ ★ ＿＿＿ね。

① いれば　　② かわいい子も　　③ そうでない子も　　④ います

128

～ようなら(ば)・～ようだったら
～할 것 같으면, ～할 경우에는

● 접속 | 동사・い형용사・な형용사의 명사 수식형

어떤 상황이 실제로 일어나는 것을 가정하여 말하는 표현이며, 추측 표현「～ようだ」의 조건 표현이다. 문장체에서는「～ようであれば」, 회화체에서는「～ようだったら」의 형태로 주로 사용된다.

もし捨てるようなら、俺にちょうだい。
만약 버릴 거라면 나한테 줘.

今週末、一緒に遊びに行けるようなら、電話してください。
이번 주말에 같이 놀러 갈 수 있으면 전화 주세요.

そんな風に適当にやるようだったら、やめた方がいいよ。
그런 식으로 적당히 할 거라면 그만두는 편이 나아.

✅ 체크 今晩、みんなで(① 飲む　② 飲み)ようなら、後でメッセージちょうだい。

워밍업

1 한국어 해석을 참고로 괄호 안에 들어갈 말로 알맞은 것을 고르세요.

1. 安ければ安い（　　）いいというわけではない。 싸면 쌀수록 좋은 것은 아니다.

2. 生きて（　　）、いいことはいっぱいあるよ。 살아 있으면 좋은 일은 많이 있어.

3. 性格（　　）よければ、誰でもいいです。 성격만 좋으면 누구든지 괜찮습니다.

4. 学生（　　）いいんだが、社会人だから割引が受けられない。
   학생이라면 좋겠지만, 사회인이기 때문에 할인을 받을 수 없다.

5. 春と（　　）何といってもお花見ですよね。 봄이라고 하면 뭐니 뭐니 해도 꽃구경이죠.

6. あの件、だめな（　　）電話ちょうだい。 그 건, 안 될 것 같으면 전화 줘.

7. 夏休みに（　　）、毎年海に行きます。 여름 방학이 되면 매년 바다에 갑니다.

8. ユジンさんが帰国（　　）一緒に遊びに行かない？
   유진 씨가 귀국하면 같이 놀러 가지 않을래?

9. あそこのスーパーに（　　）このクーポンを持って行ってね。
   저 슈퍼에 갈 거라면 이 쿠폰을 가지고 가.

10. 旅行に（　　）現地でゆっくり休みたい。 여행하러 가면 현지에서 푹 쉬고 싶다.

① ならば	② ようだったら	③ したら	④ 行ったら	⑤ なると
⑥ いえば	⑦ 行くなら	⑧ さえ	⑨ ほど	⑩ いれば

2 힌트를 참고로 괄호 안에 들어갈 알맞은 문형을 찾아 쓰세요.

11. このドアを開ける(　　)非常ベルが鳴ります。

12. 政府の発表(　　)よると景気は回復してきている。

13. 君(　　)よければ、今から一杯飲みましょう。

14. 妻(　　)いれば子供(　　)いるけど、幸せではない。

15. つばさがあれば、空(　　)飛べるのに。

힌트
①で ②を ③と ④なら ⑤たら ⑥に ⑦ほど ⑧も ⑨よう ⑩さえ

3 다음 문장을 잘 읽고 괄호 안에 들어갈 말로 알맞은 것을 고르세요.

16. 高くても(① 便利なら　② 便利だと)私も買いたいですね。

17. 退職(① したら　② するなら)、ストレスがなくなると思う。

18. お時間がある(① もの　② よう)でしたら、一緒にコーヒーでも飲みませんか。

19. 六本木(① というと　② というなら)、クラブの多い街だ。

20. 子供は元気(① だと　② ならば)元気なほど良い。

정답

1⑨ 2⑩ 3⑧ 4① 5⑥ 6② 7⑤ 8③ 9⑦ 10④
11 と　12 に　13 さえ/も　14 も　15 を/も　16 ①　17 ①　18 ②　19 ①　20 ②

합격 공략 | 실전 연습 10

問題1 つぎの文の(　　　)に入れるのに最もよいものを、1・2・3・4から一つえらびなさい。

① この連休中、(　　)ようでしたら、いつでも連絡をください。
1　まじめに　　2　退屈な　　3　暇で　　4　さびしく

② 白より赤ワインの方が好きな人もいれば、(　　)人もいる。
1　嫌い　　2　そうじゃない　　3　そんな　　4　好きな

③ どんな傾向の問題が(　　)さえ分かれば、この試験は簡単です。
1　出ない　　2　出る　　3　出るか　　4　出て

④ うちはラーメン屋なんですが、(　　)お客さんが減るんですよ。
1　暑いと　　2　暑く　　3　暑い　　4　暑さ

⑤ (　　)クーラーをつけてもいいですよ。
1　寒いと　　2　暑いと　　3　寒かったら　　4　暑かったら

⑥ 日本に来て30年なんですが、(　　)住むほど色々な面が見えてきますね。
1　住むなら　　2　住んだら　　3　住めば　　4　住むと

⑦ 君も(　　)いいじゃない。
1　これば　　2　きれば　　3　くれば　　4　くるの

⑧ それを私に(　　)なら、最初からあげるなんて言わないでよ。
1　くれない　　2　あげない　　3　もらわない　　4　いただく

問題2　つぎの文の＿＿★＿＿に入る最もよいものを、1・2・3・4から一つえらびなさい。

9 人というものは、お金をたくさん＿＿＿＿ ＿★＿ ＿＿＿＿ ＿＿＿＿ものですよ。

1　持って　　　　2　使いたく　　　　3　なる　　　　4　いれば

10 A「星がきれいに見えるね。」

　　B「そうだね。今晩の＿＿＿＿ ＿★＿ ＿＿＿＿ ＿＿＿＿だろう。」

1　明日も　　　　2　によると　　　　3　空模様　　　　4　晴れる

11 中華料理と＿＿＿＿ ＿★＿ ＿＿＿＿ ＿＿＿＿でしょう。

1　いえば　　　　2　しかない　　　　3　ラーメン　　　　4　やはり

12 健康で＿＿＿＿ ＿★＿ ＿＿＿＿ ＿＿＿＿いりません。

1　あれば　　　　2　さえ　　　　3　他に　　　　4　何も

13 もう少し＿＿＿＿ ＿★＿ ＿＿＿＿ ＿＿＿＿が、これ、ちょっと高いですね。

1　んです　　　　2　いい　　　　3　安ければ　　　　4　買っても

14 人間は＿＿＿＿ ＿＿＿＿ ＿★＿ ＿＿＿＿おしまいですよ。

1　なったら　　　　2　夢を　　　　3　見なく　　　　4　大きな

15 先生の＿＿＿＿ ＿＿＿＿ ＿★＿ ＿＿＿＿聞かない子もいる。

1　いれば　　　　2　ことを　　　　3　言う　　　　4　聞く子も

16 冷蔵庫を買う＿＿＿＿ ＿★＿ ＿＿＿＿ ＿＿＿＿いいですよ。あそこ、安いですから。

1　ヤマダ電機で　　　　2　なら　　　　3　買った　　　　4　方が

합격 공략 | 실전 연습 10

問題3 つぎの文章を読んで、文章全体の内容を考えて 17 から 21 の中に入る最もよいものを、1・2・3・4から一つえらびなさい。

岡崎　もうすぐ冬休みだね。冬休みに 17 どこか、旅行に行きたいんだけど、どこがいいかな。

森山　冬に旅行に 18 、やはり北海道じゃない？

岡崎　そうか。やはり冬 19 北海道か。

森山　パウダースノーといって、北海道の雪は質がいいから、スキーやスノーボードをするのにもいいよ。

岡崎　でも、スキーの板や、ボードを持っていくのが大変だな。

森山　スキー場で 20 、重いスキー道具を持って行かなくても大丈夫よ。

岡崎　それ、いい方法だね。だけど、一人で行くのはさびしいから、もし僕が行く 21 なら森山も行く？

森山　私も？恋人でもないのに二人でスキー旅行？

岡崎　いいじゃない。スキーも好きで、おれのことも好きでしょう？一緒に行こう。

17
1 なると　　2 なったら　　3 なれば　　4 なるなら

18
1 行くと　　2 行ったら　　3 行けば　　4 行くなら

19
1 としたら　　2 によれば　　3 にとっては　　4 といえば

20
1 借りさえすれば　　　　　2 返しさえすれば
3 貸しさえあれば　　　　　4 戻しさえあれば

21
1 よう　　2 もの　　3 こと　　4 なんか

합격 공략 | 추측·수동/사역·사역수동 표현

129

～そうだ ～일 것 같다, ～해 보이다(추측, 양태)

● 접속 | な형용사 だ / い형용사 い / 동사의 ます형

(1) 시각적인 정보를 근거로 하여 판단하거나 추측할 때 사용하는 표현이다. 눈으로 보고 판단하기 때문에 비교적 객관적인 추측을 나타낸다.
(2) 어떤 일이 일어나기 직전의 상태를 묘사하거나 앞으로 어떤 일이 발생할 가능성이 있다고 말할 때 사용한다.

부사형은 「～そうに(～같이, ～처럼, ～보이게)」, 명사 수식형은 「～そうな+명사(～같은, ～보이는)」을 사용한다. (예외적으로 いい→よさそうだ/ない→なさそうだ의 형태로 활용한다.)

⊕ 플러스 ～そうだ VS ～ようだ 130

元気そうな赤ちゃんですね。男の子ですか。(1) 건강해 보이는 아기네요. 남자 아이입니까?

彼はお金がなさそうだけど、実はお金持ちだそうだ。(1)
그는 돈이 없어 보이지만 실은 부자라고 한다.

この飛行機は思ったより早く目的地に着きそうだ。(2)
이 비행기는 생각보다 일찍 목적지에 도착할 것 같다.

✓ 체크 空が暗くなってきましたよ。雨が(① 降り ② 降ら)そうですね。

130

～ようだ ～인 것 같다(추측)

● 접속 | 명사·동사·い형용사·な형용사의 명사 수식형

시각적인 정보를 제외한 모든 감각·느낌·경험·직감 등을 근거로 하여 추측할 때 사용하는 표현이다. 추측의 「～そうだ」는 비교적 객관적인 판단 근거를 가지고 말하는 데 반해서 「～ようだ」는 불확실하고 주관적인 판단과 직감을 중요시하여 추측할 때 사용한다. 부사형은 「～ように(～같이, ～처럼)」, 명사 수식형은 「～ような+명사(～같은)」을 사용한다. 「～ようだ」는 추측의 의미 이외에도 비유·예시〈문형 91〉등의 다양한 의미가 있으므로 주의해야 한다.

⊕ 플러스 ～ようだ VS ～そうだ 129

松田さんは今日欠席だった。昨日飲みすぎた**よう**だ。
마쓰다 씨는 오늘 결석했다. 어제 과음한 것 같다.

風邪の**ようです**けど、先に帰ってもいいですか。
감기인 것 같은데 먼저 돌아가도 될까요?

最近、彼と親しくなった**ような**気がします。
요즘 그와 친해진 것 같은 느낌이 듭니다.

> ✅ 체크   どうやらうちのチームの負けの(① よう ② みたい)ですね。

131

～みたいだ ～인 것 같다(추측)

● 접속 | 명사 · 동사 · い형용사 · な형용사의 보통형(명사 · な형용사의 현재형 だ)

추측의 「～ようだ」와 같은 의미의 표현으로 회화체에서 주로 사용한다. 부사형은 「～みたいに(～같이, ～처럼)」, 명사 수식형은 「～みたいな+명사(～같은)」을 사용한다.

どうやらあの人がうそをついた**みたい**ですね。
아무래도 저 사람이 거짓말을 한 것 같군요.

閉店時間が早くて利用できない人も多い**みたい**です。
폐점시간이 일러서 이용할 수 없는 사람도 많은 것 같습니다.

このトラブルの原因は誰も知らない**みたい**ですね。
이 문제의 원인은 아무도 모르는 것 같네요.

> ✅ 체크   今日の北海道はとても暑い(① のようだ ② みたいだ)。

132

～らしい　～인 것 같다(추측)

● 접속 | 명사・동사・い형용사・な형용사의 보통형(명사・な형용사의 현재형 だ)

(1) 외부에서 전해 들은 정보를 근거로 불확실하게 추측할 때 사용한다. 경우에 따라서는 자신의 말에 책임지지 않으려고 하는 뉘앙스인 경우도 있다.
(2) 자신의 느낌이나 감각으로 불확실하게 추측할 때도 사용한다. 이 경우는 「～ようだ」와 같은 의미이다.
「～らしい(～답다〈문형 093〉)」라는 의미도 있으므로 주의해야 한다.

彼(かれ)は昨日(きのう)、彼女(かのじょ)にふられたらしいです。(1)(2)
그는 어제 여자친구에게 차였다는 것 같습니다.

ニュースによると明日(あした)もPM2.5がひどいらしいです。(1)
뉴스에 의하면 내일도 초미세먼지가 심하다는 것 같습니다.

K-POPはもちろんK-FOODも世界的(せかいてき)に人気(にんき)らしい。(1)(2)
K-POP은 물론 K-FOOD도 세계적으로 인기라는 것 같아.

● 체크　このスマートフォンは、すぐ(① 壊(こわ)れ　② 壊(こわ)れる)らしいよ。

133

～そうにもない・～そうもない・～そうにない
～하지 않을 것 같다

● 접속 | 동사의 ます형

추측・양태의 「～そうだ」의 부정 표현이다. な형용사・い형용사에 접속하는 경우는 「～なさそうだ」의 형태를 취하며, 동사에 접속하는 경우는 동사의 「ます형+そう(に)(も)ない」의 형태로 접속한다. 예 楽しくない → 楽しくなさそうだ / 暇じゃない → 暇じゃなさそうだ

渋滞で6時までに会社へ戻れそうもありません。
길이 막혀서 6시까지 회사에 돌아갈 수 없을 것 같습니다.

今日も残業で定時に終わりそうにない。
오늘도 잔업 때문에 정시에 끝날 것 같지 않다.

先生は今日、体の調子が良くなさそうだ。
선생님은 오늘 몸 상태가 좋지 않아 보인다.

- 체크 このデザインでは(① 売れ ② 売れる)そうにもないな。

134

~(ら)れる ~되다, ~히다, ~함을 당하다, ~받다(수동)

- 접속 | 동사의 수동형

(1) 다른 사람의 동작이나 어떠한 작용으로 인해 주어가 영향을 받는다는 의미의 표현으로, 그 동작이나 작용에 영향을 받은 사람의 입장에서 말하는 표현이다.
(2) 역사적·사회적·일반적인 내용을 객관적으로 말할 때 사용한다. 행위자가 유명한 작가나 발명가 등인 경우, 조사는「に」대신에「~によって(~에 의해서)」를 사용한다. 예 電話はベルによって発明された。 전화는 벨에 의해서 발명되었다.
(3) 상대방의 동작으로 인해 주어가 피해나 나쁜 영향을 받았다는 것을 강조하여 말할 때 사용한다. 보통 '피해 수동'이라 부른다.

国の代表選手に選ばれて責任が重い。 (1) 나라의 대표 선수로 선발되어서 책임이 무겁다.

さっきからずっと誰かに見られている気がする。 (1) 아까부터 계속 누군가가 보고 있는 느낌이 든다.

毎年7月末には隅田川で花火大会が行われる。 (2) 매년 7월 말에는 스미다 강에서 불꽃놀이가 실시된다.

雨に降られて服が全部濡れてしまいました。 (3) 비를 맞아서 옷이 전부 젖어 버렸습니다.

- 체크 電車の中で、隣にいた人に足を(① 踏んだ ② 踏まれた)よ。

135

～(さ)せる　～시키다, ～하게 하다, ～하게 만들다(사역)

● 접속 | 동사의 사역형

(1) 상대방에게 어떤 동작을 강제로 하게 한다는 의미이다.
(2) 상대방이 원하는 동작을 할 수 있도록 허락이나 허가를 해 준다는 의미이다.
(3) 감정이나 심리를 나타내는 동사「泣く(울다)」・「おどろく(놀라다)」・「安心する(안심하다)」・「怒る(화내다)」・「心配する(걱정하다)」 등과 함께 사용되어 어떤 감정의 유발(誘発)을 의미한다.

子供じゃなくて親が好きなことを習わせるのはよくない。(1)
아이가 아니라 부모가 좋아하는 것을 배우게 하는 것은 좋지 않다.

先生は学生に自分の考えを自由に話させた。(2)
선생님은 학생에게 자신의 생각을 자유롭게 말하게 했다.

妹は帰りが遅くて、いつも親を心配させます。(3)
여동생은 귀가가 늦어서 항상 부모님을 걱정시킵니다.

✓ 체크　上司が部下＿＿＿＿　＿＿＿＿　★　＿＿＿＿。

① に　　　② を　　　③ 残業　　　④ させました

136

～(さ)せられる　억지로 ～하다(사역수동)

● 접속 | 동사의 사역수동형

본인의 의지가 아니라 누군가가 시켜서 어쩔 수 없이 그 동작을 한다는 의미이다. 사역 표현은 시키는 사람의 입장에서 표현하는 것이고, 사역수동은 그 시킴을 당하는 사람의 입장에서 말하는 표현이다. 1그룹 동사의 경우「ない형+される」의 축약형도 자주 사용되며, 한국어 직역은 불가능하고 대부분 '억지로, 어쩔 수 없이, 하기 싫지만' 등의 표현과 함께 사용하여 문장의 뉘앙스를 표현해야 한다.

興味もないことをむりやりやらされても意味がない。
흥미도 없는 일을 억지로 해도 의미가 없다.

将来について深く考えさせられる言葉でした。
장래에 대해서 깊게 생각하게 되는 말이었습니다.

週末はいつも家事を手伝わされることが多い。
주말은 항상 어쩔 수 없이 집안일을 돕는 경우가 많다.

✓ 체크   私は人参が嫌いなのに、いつも母に（① 食べられて　② 食べさせられて）います。

137

～(さ)せてください/～(さ)せないでください
～하게 해 주세요/～하지 않게 해 주세요.

● 접속 | 동사의 사역형

사역표현을 사용하여 상대방에게 어떤 동작에 대한 허락을 구하고자 할 때 사용하는 겸양 표현이다.

急用で行けなくなったので、キャンセルさせてください。
급한 일 때문에 못 가게 되었으니 취소시켜 주세요.

今度はぜひごちそうさせてください。
다음에는 꼭 (내가) 대접하게 해 주세요.

こんな小さいことで私をがっかりさせないでください。
이런 작은 일로 나를 실망시키지 말아 주세요.

✓ 체크   もっと＿＿＿ ＿＿＿ ★ ＿＿＿ くださいよ。

① ことを　　② したい　　③ させて　　④ 私の

138

～(さ)せてくれる/～(さ)せてもらう
～하게 해 주다/～하게 해 받다

● 접속 | 동사의 사역형

「くれる(주다)」·「もらう(받다)」와 사역 표현이 함께 사용되어, 어떤 동작을 하게 허락을 해 달라고 하는 의미이다. 의뢰 표현으로 자주 사용되며, 「～(さ)せてもらえませんか(~하게 해 받을 수 있겠습니까?)」·「～(さ)せてくれませんか(~하게 해 줄 수 있겠습니까?)」와 같은 형태로 활용한다.

聞きたいことがあるけど、**質問させてくれる**? 묻고 싶은 것이 있는데 **질문하게 해 줄래**?

それについて、**一言言わせてもらいますけど**。그것에 대해서 한마디 **하겠습니다만**.

歌なら自信がありますが、**私にやらせてもらえませんか**。
노래라면 자신이 있습니다만, **나에게 시켜주지 않겠습니까**?

✓ 체크 部長、私の息子の＿＿＿＿ ＿＿＿ ＿＿＿★＿＿＿ ＿＿＿くれませんか。
　　　① 早退　　② 悪いので　　③ 体の具合が　　④ させて

139

～(さ)せてほしい/～(さ)せないでほしい
～하게 해 주길 바란다/～하지 않게 해 주길 바란다

● 접속 | 동사의 사역형

말하는 사람이 어떤 동작을 하고 싶기 때문에 그 동작을 할 수 있게 허락해 달라고 하는 의미이다. 「～(さ)せてもらいたい ~하게 해 줬으면 좋겠다」와 비슷한 의미의 표현이다. 반대로 부정형에 접속하면 어떤 동작을 하지 않도록 해달라고 하는 의미의 표현이 된다.

ご迷惑でなければここで**待たせてほしいんですが**。
민폐가 아니라면 여기서 기다리게 해 줬으면 좋겠습니다만.

同じことを何回も**言わせないでほしいんです**。같은 것을 몇 번이나 말하게 하지 않았으면 좋겠습니다.

✓ 체크 お母さん、私を留学に(① 行って　② 行かせて)ほしいんだけど。

140

〜(さ)せてやる・〜(さ)せてあげる

〜하게 해 주다(나→남)

● 접속 | 동사의 사역형

누군가가 하고 싶어하는 일을 할 수 있도록 허락해 준다는 의미이다. 「〜(さ)せてやりたい 〜하게 해 주고 싶다」・「〜(さ)せてあげたらどうですか 〜하게 해 주면 어떨까요?」 등의 형태로 자주 활용된다.

本当に苦しんでいるので、会社をやめさせてあげたい。
정말로 괴로워하고 있으니까 회사를 그만두게 해 주고 싶다.

たまには思いっ切り泣かせてあげた方がいいと思う。
가끔은 마음껏 울게 해 주는 편이 좋다고 생각한다.

✓ 체크 本人が好きだということだから、① 結婚されて ② 結婚させて やりましょうよ。

141

〜と言われる/〜ように言われる 〜라고 말해지다

● 접속 | 명사・동사・い형용사・な형용사의 보통형 외

「言う」를 수동형으로 활용하여 누군가에게 어떤 말을 들었을 때, 일반적으로 많은 사람들이 어떠한 이야기를 한다고 할 때 사용한다. 한국어 해석으로 대부분 '〜에게 듣다'가 된다.

頑張れって言われても、今は何もやりたくないの。
힘내라는 말을 들어도 지금은 아무것도 하고 싶지 않아.

上司から講習を受けるように言われました。 상사로부터 강습을 받으라고 들었습니다.

✓ 체크 この辺は夜に＿＿＿ ＿＿＿ ★ ＿＿＿ので注意してください。
　　　　① 出る　　② なると　　③ と言われている　　④ 変な人が

워밍업

1 한국어 해석을 참고로 괄호 안에 들어갈 말로 알맞은 것을 고르세요.

1. 彼、元気がな(　　)よ。 그 사람, 기운이 없어 보였어.

2. 祖父に(　　)悲しい。 할아버지가 돌아가셔서 슬프다.

3. 無理だって(　　)けど、あきらめたくない。 무리라고 들었지만 포기하고 싶지 않다.

4. (　　)今日は朝からむし暑くなるらしい。 아무래도 오늘은 아침부터 무더워질 것 같다.

5. また、妹を(　　)のね。だめじゃない。 또 여동생을 울렸구나. 그러면 안 되잖아.

6. うちの子はわんぱくだ。いつも心配(　　)いる。
   우리 애는 개구쟁이다. 항상 걱정하고 있다.

7. 私もこのプロジェクトに参加(　　)ください。 저도 이 프로젝트에 참가하게 해 주세요.

8. 食後すぐに寝ると体によくない(　　)よ。 식후 바로 누우면 몸에 좋지 않다는 것 같아.

9. あの人にお金を貸したが、返してもらえ(　　)。
   저 사람에게 돈을 빌려주었지만, 돌려받을 수 없을 것 같다.

10. ここは僕に(　　)もらえませんか。 여기는 제가 하게 해 주지 않겠습니까?

    ① どうやら　② させて　③ 言われた　④ さそうだった　⑤ させられて
    ⑥ そうにない　⑦ やらせて　⑧ らしい　⑨ 死なれて　⑩ 泣かせた

2 힌트를 참고로 괄호 안에 들어갈 알맞은 문형을 찾아 쓰세요.

11. 娘(　　)自由にさせてやりたい。

12. 私(　　)がっかりさせないでください。

13. 聞くところ、あの人はまじめ(　　)ようですね。

14. 私は夫(　　)いつも泣かされています。

15. 私(　　)毎日子供に困らされています。

> **힌트**
> ① で　② を　③ に　④ は　⑤ か　⑥ の　⑦ へ　⑧ や　⑨ も　⑩ な

3 다음 문장을 잘 읽고 괄호 안에 들어갈 말로 알맞은 것을 고르세요.

16. 子供に(① 習われ　② 習わせ)たいのは何ですか。

17. ここで写真を(① 撮らせて　② 撮らされて)もらえませんか。

18. 上司からこれからはミスをしない(① もの　② よう)に言われました。

19. もうお母さんを怒らせ(① なくて　② ないで)ほしいんだけど。

20. 将来、親を楽にさせて(① くれたい　② あげたい)です。

◆ **정답**

1 ④　2 ⑨　3 ③　4 ①　5 ⑩　6 ⑤　7 ②　8 ⑧　9 ⑥　10 ⑦
11 を/に/は/も　12 を　13 な　14 に　15 は/も　16 ②　17 ①　18 ②　19 ②　20 ②

합격 공략 | 실전 연습 11

問題1 つぎの文の（　　　）に入れるのに最もよいものを、1・2・3・4から一つえらびなさい。

1　ボタンを押しても何も出てこない。この自動販売機は（　　）みたいだ。
1　故障する　　2　故障な　　3　故障の　　4　故障している

2　この成績だと日比谷高校に（　　）そうもない。
1　合格　　2　入れ　　3　起き　　4　取り

3　子育てのことで、私は毎日頭を（　　）います。
1　悩ませて　　2　悩んで　　3　悩まれて　　4　悩みながら

4　アジアでは人々に米がよく（　　）。
1　食べます
2　食べさせています
3　食べられています
4　食べています

5　顔色がいいですね。（　　）そうで良かったです。
1　健康で　　2　健康　　3　健康な　　4　健康の

6　バイトがしたいんですが、親にさせて（　　）んです。
1　もらえる　　2　もらえない　　3　くれない　　4　くれる

7　一人暮らしがしたいんですが、親がさせて（　　）んです。
1　もらえる　　2　もらえない　　3　くれない　　4　くれる

8　A「お宅ではお子さんにどのように教育していますか。」
　　B「うちの教育方針は、子供のしたいことをさせて（　　）ことです。」
1　くれる　　2　あげる　　3　もらう　　4　もらえる

問題2　つぎの文の ★ に入る最もよいものを、1・2・3・4から一つえらびなさい。

9 夜、口笛を吹くと____ ★ ____ ____ので、気を付けましょう。

1　来ると　　　　2　言われて　　　3　どろぼうが　　4　います

10 人に聞くところ、林君は____ ____ ★ ____よ。

1　らしい　　　　2　かっこうよくて　3　もてもて　　　4　かなり

11 毎日毎日____ ★ ____ ____います。

1　だけが　　　　2　私　　　　　　3　させられて　　4　掃除

12 夜____ ★ ____ ____んですが。うるさくて眠れないんです。

1　ほしい　　　　2　遅くまで　　　3　遊ばせないで　4　子供を

13 ここで、子供に____ ____ ★ ____よ。ここはトイレではありませんよ。

1　おしっこ　　　2　ください　　　3　を　　　　　　4　させないで

14 A「お店の人がもう片付けていますね。」

B「もうすぐ____ ★ ____ ____出ましょうか。」

1　から　　　　　2　のようです　　3　おしまい　　　4　そろそろ

15 うちの主人は家事を____ ____ ★ ____はスマホで遊んでいるんです。

1　自分　　　　　2　させて　　　　3　ばかり　　　　4　私に

16 この詩は1941年に____ ★ ____ ____。

1　書かれました　　　　　　　　　2　によって
3　詩人　　　　　　　　　　　　　4　ユン・ドンジュという

합격 공략 | 실전 연습 11

問題3　つぎの文章を読んで、文章全体の内容を考えて 17 から 21 の中に入る最もよいものを、1・2・3・4から一つえらびなさい。

『女子はスカート、考え方が古い』　中学生　（神奈川県 13歳）

「制服でズボンが 17 たい。」生徒会副会長のぼくはある日、女子生徒からこんな願いを託された。女子のズボンを認めている学校はあるが、全国的には少ないそうだ。ぼくの学校でも 18 。

男はズボン、女はスカートという決まり 19 ものは、今どき古いのではないかと思う。最近、性的少数者を表すLGBTという言葉もよく耳に 20 。スカートをはくのが嫌な人は、声を上げないだけでたくさんいるのではないか。

だからこそぼくは、女子が制服でズボンかスカートか選べる制度を全国的に取り入れるべきだと思う。生徒の考えは時代とともに変わっていく。周りの対応も変えていくべきだと思う。

このようなことを少しずつ改善していけば、この国はもっと 21 やすくなると、ぼくは思う。

17
1　はか　　　　2　はき　　　　3　はく　　　　4　はけ

18
1　認めさせないでいない　　　2　認めさせられていた
3　認めさせている　　　　　　4　認められていない

19
1　なような　　2　のような　　3　のみたいな　　4　みたいの

20
1　する　　　　2　出る　　　　3　聞く　　　　4　入れる

21
1　生かし　　　2　過ごし　　　3　生活が　　　4　暮らしに

합격 공략 | 경어 표현

기본형	존경어	겸양어
行く 가다	いらっしゃる ※いらす(いらっしゃる의 축약) おいでになる お越しになる	まいる 伺う
来る 오다	いらっしゃる ※いらす(いらっしゃる의 축약) 見える おいでになる お見えになる お越しになる	まいる 伺う
いる 있다	いらっしゃる	おる
〜ている 〜하고 있다	〜ていらっしゃる	〜ておる
食べる 먹다 飲む 마시다	召し上がる	いただく
見る 보다	ご覧になる	拝見する
見せる 보여주다		お目にかける ご覧に入れる
言う 말하다	おっしゃる	申す／申し上げる
する 하다	なさる	致す
知っている 알고 있다 知らない 모른다	ご存じだ ご存じじゃない	存じておる／存じ上げておる 存じない／存じ上げない
思う 생각하다		存じる
くれる 주다(남→나)	くださる	
あげる 주다(나→남)		さしあげる
もらう 받다		いただく
訪問する 방문하다		伺う
聞く 묻다		伺う
聞く 듣다	お耳に入る	伺う 拝聴する
寝る 자다	お休みになる	
会う 만나다		お目にかかる
休む 쉬다	お休みになる	
〜です 〜이다	〜でいらっしゃる	

142

お(ご) ～になる(なさる) ~하시다

● 접속 ┃ お(ご)+동사의 ます형 / 한자명사

동사의 존경 표현을 만드는 공식으로 순수일본어에는「お」, 한자명사에는「ご」를 접속한다. 한자명사의 경우에는 주로「ご+한자명사+なさる」의 형태를 취한다.

社長はいつごろお戻りになりますか。
사장님은 언제쯤 돌아오십니까?

社長は出社の時、ご自分のお車をご利用なさいます。
사장님은 출근하실 때 자신의 차를 이용하십니다.

✓ 체크　社長がお(① 出かけ　② 出かけて)になります。

143

お(ご) ～(になって)ください ~해 주세요

● 접속 ┃ お(ご)+동사의 ます형 / 한자명사

상대방에게 무언가를 의뢰하거나 부탁할 때 쓰는 존경 표현이다.「～になって」는 생략하는 경우가 많다.

こちらにおかけになって少々お待ちください。 이쪽에 앉으셔서 잠시만 기다려 주십시오.

シャトルバスをご利用の方はフロントまでお申し込みください。
셔틀버스를 이용하시는 분은 프런트에 신청해 주세요.

進学のことについては先生にご相談ください。 진학에 대해서는 선생님에게 상담해 주세요.

✓ 체크　こちらのいすにお(① 掛け　② 下ろして)ください。

144

お(ご)〜です ~하시다/~이시다

● 접속 | お(ご)+동사의 ます형 / 한자명사 / な형용사의 어간

동사와 명사를 존경 표현으로 만드는 공식이다.

当店のポイントカードはお持ちでしょうか。 이 가게의 포인트 카드는 가지고 계십니까?

渋谷へお越しのお客様はこの駅でお乗り換えです。 시부야로 가시는 손님은 이 역에서 환승입니다.

店内でお召し上がりでしょうか。お持ち帰りでしょうか。
가게 안에서 드실 겁니까? 포장이십니까?

✓ 체크 最近(① お元気 ② ご元気)でしたか。

145

〜ていらっしゃる ~하고 계시다

● 접속 | 동사의 て형

「〜ている ~하고 있다」의 존경 표현이다. 「いる」의 존경어 「いらっしゃる」를 이용한 표현이며 어떤 동작을 하고 계시는 중이라는 의미이다.

社長はただいまお客様と話していらっしゃいます。 사장님은 지금 손님과 이야기하고 계십니다.

転職を考えていらっしゃる方におすすめの本です。 이직을 생각하고 계신 분에게 추천하는 책입니다.

毎日リハビリに頑張っていらっしゃる方です。 매일 재활 치료를 열심히 하고 계시는 분입니다.

✓ 체크 海外旅行を検討して(① いらっしゃる ② おる)方へのお知らせです。

146

～てくださいませんか/～ていただけませんか
～해 주시지 않겠습니까?

- 접속 | 동사의 て형

상대방에게 정중하게 의뢰하거나 부탁할 때 사용하는 표현으로, 「～てくださる(～해 주시다)」・「～ていただく(～해 받다)」를 응용한 표현이며, 「～ていただく」를 사용할 때는 가능형인 「～ていただけますか・～ていただけませんか」를 사용해야 하므로 주의해야 한다. 「～てくださいますか/～ていただけますか」의 형태로도 사용된다.

おすすめの食堂があったら、教えてくださいませんか。 추천하는 식당이 있으면 알려 주시지 않겠습니까?

ちょっとだけ、手を貸していただけますか。 잠시만 거들어 주시겠습니까?

録音中なので、静かにしていただけませんか。 녹음 중이기 때문에 조용히 해 주시지 않겠습니까?

✅ 체크　ここでの写真撮影は(① 遠慮して　② ご遠慮して)くださいませんか。

147

～でいらっしゃる　～이시다

- 접속 | 명사 / な형용사의 어간

「です」의 존경 표현이다. 「です」의 정중 표현으로는 「でござる」가 있다.

この事件についてご存じでいらっしゃいますか。 이 사건에 대해서 알고 계십니까?

木村先生はどのような方でいらっしゃいますか。 기무라 선생님은 어떤 분이십니까?

お申し込みされたご本人様でいらっしゃいますか。 신청하신 본인이십니까?

✅ 체크　山田教授(① に　② で)いらっしゃいます。

148

〜(ら)れる 〜(하)시다

● 접속 | 동사의 수동형

동사의 「수동형」에 접속하여 가벼운 존경어 표현을 만든다. 수동 표현이나 가능형과 형태가 같아 헷갈릴 수 있으니 앞 뒤의 문맥으로 잘 확인해야 한다.

お国へはいつ帰られますか。 고국에는 언제 돌아가십니까?

お疲れのようでしたら、少し休まれた方がいいと思います。
피곤하신 것 같으면 조금 쉬시는 편이 좋을 것 같습니다.

✅ 체크   課長も今夜の飲み会に(① 行かれます ② お行きします)か。

149

お(ご) 〜する(いたす) 〜하다, 〜해 드리다

● 접속 | お(ご)+동사의 ます형 / 한자명사

자신이 하는 동작을 낮추어서 상대방에 대한 존경을 표현하는 겸양 표현이다. 「する」의 겸양 표현인 「いたす」를 사용할 수 있고 본인을 더 낮추는 표현이 된다. 한자는 「致す」를 사용한다.

その問題については私がお答えします。 그 문제에 대해서는 제가 답하겠습니다.

必要な書類は期限までにお送りします。 필요한 서류는 기한까지 보내드리겠습니다.

各自のお部屋にご案内いたします。 각자의 방으로 안내해 드리겠습니다.

✅ 체크   後程メールにてお(① 知らせて ② 知らせ)致します。

150

お(ご) ～いただく ～해 주시다

● 접속 | お(ご)+동사의 ます형 / 한자명사

겸양 표현인 「いただく(받다)」를 사용하여 상대방이 해 주는 동작을 감사히 받겠다는 의미의 정중한 표현이 된다.

場合によってはお待ちいただくこともあります。 경우에 따라서는 기다리시게 되는 경우도 있습니다.
本日もご利用いただきまして誠にありがとうございます。
오늘도 이용해 주셔서 진심으로 감사드립니다.

● 체크 ただいま(① ご紹介 ② お紹介)いただきました田原と申します。

151

お(ご) ～できる ～해 드릴 수 있다

● 접속 | お(ご)+동사의 ます형 / 한자명사

겸양 표현 공식인 「お(ご)＋ます형·한자명사＋する」에서 「する」의 가능형인 「できる」를 사용하여 본인이 어떤 동작을 해 드리는 것이 가능하다는 겸양 표현이다.

プライバシーに関する内容にはお答えできません。 개인 정보에 관한 내용은 대답드릴 수 없습니다.
担当者に伝言お願いできますか。 담당자에게 메모 부탁드릴 수 있습니까?
せっかくのご招待なのに、ご参加できなくてすみません。
일부러 초대해 주셨는데 참가할 수 없어서 죄송합니다.

● 체크 こちら_____ _____ ★ _____ _____。
　　　　① できません　② お預かり　③ では　④ お荷物を

152

お(ご) 〜 願う　〜을 부탁드리다

● 접속 | お(ご)+동사의 ます형 / 한자명사

「願う(부탁하다)」라는 동사와 함께 사용하여 상대방에게 어떤 동작을 부탁할 때 사용하는 겸양 표현이다.

電話があったことを部長にお伝え願えますか。
전화가 왔다고 부장님에게 전해 주실 수 있겠습니까?

詳しい内容についてご説明願えませんか。
구체적인 내용에 대해서 설명 부탁드릴 수 없겠습니까?

室内でのおタバコはご遠慮願います。
실내에서 담배는 삼가 주시길 부탁드립니다.

체크　こちらの＿＿＿＿ ＿＿＿ ★ ＿＿＿。
① お電話番号　② 願います　③ ご連絡　④ に

153

お(ご) 〜 申し上げる　〜말씀드리다

● 접속 | お(ご)+동사의 ます형 / 한자명사

'어떤 내용에 대하여 말씀드리다'라는 의미이고, 「言う(말하다)」의 겸양어인 「申し上げる」를 사용한 표현이다.

撮影はご遠慮いただきますようお願い申し上げます。
촬영은 삼가 주시기를 부탁 말씀드리겠습니다.

この場をお借りしてお礼申し上げます。
이 자리를 빌려서 감사 말씀드립니다.

機長に代わりましてご案内申し上げます。
기장님을 대신해서 안내 말씀드리겠습니다.

✅ 체크   お客様にお願い（① になります　② 申し上げます）。

154

～(さ)せていただく　～하다

접속 | 동사의 사역형

사역 표현과 「～ていただく」를 함께 사용하여 어떤 동작을 할 수 있게 해 달라고 허락을 구할 때 사용하는 겸양 표현이다.

他の会議があって、ここで失礼させていただきます。
다른 회의가 있어서 여기에서 실례하겠습니다.

送っていただいた物は大切に使わせていただきます。
보내 주신 것은 소중하게 사용하겠습니다.

ご相談があって、メールさせていただきました。
상담할 것이 있어서 메일 보냈습니다.

✅ 체크   この度、お客様を＿＿＿ ★＿＿＿ ＿＿＿になりました原田と申します。

　　① こと　　　② いただく　　③ ご担当　　④ させて

155

～(さ)せてくださいませんか ~하게 해 주시지 않겠습니까?

- **접속** | 동사의 사역형

  유사 표현 | ～(さ)せていただけませんか ~하게 해 주시지 않겠습니까?

사역표현과 「くださる(주시다)」를 함께 사용하여 본인이 하려는 동작을 낮추어 말해 정중하게 허락을 구할 때 사용한다. 「～(さ)せてくださいますか」와 같은 형태로도 사용된다.

もしよろしければ、またお話を聞かせてくださいませんか。
만약 괜찮으시면 또 이야기를 들려 주시지 않겠습니까?

この内容については確認させてくださいませんか。
이 내용에 대해서는 확인하게 해 주시지 않겠습니까?

今度の発表は私にやらせてくださいますか。
이번 발표는 저에게 시켜 주시겠습니까?

- **체크** 先生、今度のスピーチ大会に参加(① させてくださいませんか ② いただきませんか)。

156

～(さ)せていただきたいんですが
~하게 해 주시면 좋겠습니다만

- **접속** | 동사의 사역형

「～(さ)せていただく」의 응용 표현으로 본인이 하려는 동작에 대해 정중하게 허가를 구할 때 자주 사용되는 겸양표현이다.

予約の時間を変更させていただいてもよろしいですか。
예약 시간을 변경해도 괜찮겠습니까?

そこら辺は検討させていただきたいと思っています。
그 부분은 검토하게 해주시면 좋겠다고 생각하고 있습니다.

もう少し考えさせていただきたいのですが。
조금 더 생각하게 해 주시면 좋겠습니다만.

✅ 체크　授業中にすみませんが、(私を)お手洗いに(① 行かせて　② 行って)いただきたいんですが。

157

~(さ)せていただけませんか ~하게 해 주시지 않겠습니까?

● 접속 | 동사의 사역형

「~(さ)せていただく」의 응용 표현으로 본인이 하려는 동작에 대해 정중하게 허가를 구할 때 자주 사용되는 겸양표현이다. 「~(さ)せていただけますか」의 형태로도 사용된다.

よろしければ工場を見学させていただけませんか。
괜찮으시면 공장을 견학하게 해 주실 수 없겠습니까?

もう一点、ご質問させていただけませんか。
한 가지 더 질문하게 해 주시지 않겠습니까?

内容を詳しく確認させていただけますか。
내용을 자세히 확인하게 해 주실 수 있겠습니까?

✅ 체크　今度の会議で私にプレゼンをさせて(① いただきません　② いただけません)か。

158

～ていただきたいんですが ~해 주시면 좋겠습니다만

- 접속 | 동사의 て형

「もらう」의 겸양어인「いただく」를 사용하여 상대방에게 정중하게 어떤 부탁이나 의뢰를 할 때 자주 사용된다. 상대방이 해 주는 동작을 감사히 받겠다는 의미의 정중한 표현이 된다.

ぜひあなたのお力を貸していただきたいと思っています。
꼭 당신의 힘을 빌리고 싶다고 생각하고 있습니다.

ぜひ聞いていただきたい話があるんですが。
꼭 들어 주셨으면 하는 이야기가 있습니다만.

チェックアウト後に荷物を預かっていただきたいです。
체크아웃 후에 짐을 맡아 주셨으면 좋겠습니다.

● 체크 会議には課長にも出席して(① いただきたい　② いただけたい)のですが。

159

～ておる/～ておらず ~하고 있다/~하고 있지 않아서

- 접속 | 동사의 て형

「いる」의 겸양어인「おる」를 사용한 겸양 표현으로 자신과 관련된 일의 '동작 진행'이나 '상태 지속', '이유' 등을 표현할 때 사용한다.

あなたにお会いするのを期待しております。
당신을 만나는 것을 기대하고 있습니다.

あなたからの良い返事をお待ちしております。
당신에게 좋은 대답을 기다리고 있습니다.

まだ息子の仕事が決まっておらず、心配です。
아직 아들의 일이 정해지지 않아서 걱정입니다.

✅ 체크　この度の事に関しては私が存じて（① おらず　② いらず）大変失礼をいたしました。

160

～でござる/～ござる　～이다/～있다

● 접속 ｜ 명사 / な형용사의 어간

「でござる」는 「です」의 정중한 표현이며, 「ござる」는 「ある」의 정중어이다.

本日は満室でございます。
오늘은 만실입니다.

その件に関しましては、ただいま確認中でございます。
그 건에 관해서는 지금 확인 중입니다.

すみません、これの色違いの商品はございますか。
죄송합니다, 이것의 색깔이 다른 상품은 있습니까?

✅ 체크　本日の掃除担当は山下（① に　② で）ございます。

워밍업

1 한국어 해석을 참고로 괄호 안에 들어갈 말로 알맞은 것을 고르세요.

1. 明日までにお返事（　　）。 내일까지 답변드리겠습니다.

2. そのお品物はこちらに（　　）。 그 상품은 이쪽에 있습니다.

3. 皆さん、お手元に置いてある資料を（　　）ください。
   여러분, 앞에 놓여 있는 자료를 봐 주세요.

4. 私がごあいさつを（　　）いただきます。 제가 인사를 드리겠습니다.

5. こちらまで（　　）いただきたいのですが。 이쪽까지 와 주셨으면 좋겠습니다만.

6. その内容についてはよく（　　）ですね。 그 내용에 대해서는 잘 아시고 계시는군요.

7. 先生の作品はいつも楽しく（　　）おります。 선생님의 작품은 항상 즐겁게 보고 있습니다.

8. 電車が（　　）。危ないですから、黄色い線までお下がりください。
   전철이 들어옵니다. 위험하니까 물러서 주세요.

9. 部長も一緒に食事を（　　）か。 부장님도 함께 식사를 하십니까?

10. 高校の先生で（　　）か。 고등학교 선생님이십니까?

---

① 拝見して　　② ご覧になって　　③ ご存じ　　④ いらっしゃいます
⑤ 参ります　　⑥ させて　　⑦ ございます　　⑧ いたします
⑨ いらして　　⑩ されます

2 힌트를 참고로 괄호 안에 들어갈 알맞은 문형을 찾아 쓰세요.

11. (　)名前　　　　　　12. (　)招待

13. (　)依頼　　　　　　14. (　)電話

15. (　)ゆっくり　　　　16. (　)見事

17. (　)引っ越し　　　　18. (　)住所

19. (　)仕事　　　　　　20. (　)返事

힌트
① お　② ご

3 다음 문장을 잘 읽고 괄호 안에 들어갈 말로 알맞은 것을 고르세요.

21. 何でもご相談(①して　②になって)ください。

22. 私もお聞き(①しました　②になりました)。

23. 本日も特急ロマンスカーにご乗車(①いただき　②申し上げ)誠にありがとうございます。

24. お時間は(①おあり　②ござる)でしょうか。

25. 山田様がお戻りになるまで、私はこちらで少々(①待たせて　②待たれて)いただきたいのですけど。

◆ 정답

1 ⑧　2 ⑦　3 ②　4 ⑥　5 ⑨　6 ③　7 ①　8 ⑤　9 ⑩　10 ④

11 お　12 ご　13 ご　14 お　15 ご　16 お　17 お　18 ご　19 お　20 お/ご

21 ②　22 ①　23 ①　24 ①　25 ①

합격 공략 | 실전 연습 12

問題1 つぎの文の（　　）に入れるのに最もよいものを、1・2・3・4から一つえらびなさい。

1　先程お電話（　　）三村でございますが、ご主人はお帰りになりましたか。

1　くださった　　2　になった　　3　した　　4　された

2　待合室は多くのお客様に（　　）おりますので、おタバコはご遠慮ください。

1　お利用して
2　ご利用になって
3　ご利用いただいて
4　ご利用して

3　中村さんはご旅行中（　　）ので、本日は出社なさいませんよ。

1　でございます　　2　させます　　3　しております　　4　なさっています

4　この書類を確認（　　）いただきたいのですが。

1　致して　　2　して　　3　になって　　4　されて

5　村山さんは、この件について詳しく（　　）か。

1　存じています　　2　存じます　　3　ご存じする　　4　ご存じです

6　お手元のプリントをご覧（　　）か。

1　して
2　になっていただけます
3　させていただけます
4　しております

7　お客様、こちらで（　　）願えますか。

1　お尋ね　　2　お伺い　　3　お質問　　4　お聞きになって

8　ご来店、心よりお（　　）おります。

1　待ちして　　2　待たせて　　3　待ちに　　4　待たなくて

問題2　つぎの文の　★　に入る最もよいものを、1・2・3・4から一つえらびなさい。

9　この度はご結婚おめでとうございます。＿＿＿ ＿＿＿ ★ ＿＿＿。
　1　申し上げます　　2　心　　　　3　お祝い　　　4　より

10　先に一枚だけ＿＿＿ ＿＿＿ ★ ＿＿＿か。
　1　させて　　　　2　を　　　　3　コピー　　　4　もらえません

11　その事に＿＿＿ ★ ＿＿＿ ＿＿＿か。
　1　もらえません　2　岡村係長に　3　関しては　　4　話して

12　明日までには＿＿＿ ★ ＿＿＿ ＿＿＿思います。
　1　と　　　　　　2　お荷物を　　3　できる　　　4　お届け

13　柴田さんは今、＿＿＿ ＿＿＿ ★ ＿＿＿です。
　1　こちらに　　　2　そう　　　　3　いらっしゃる　4　向かって

14　司会を＿＿＿ ＿＿＿ ★ ＿＿＿坂上でございます。
　1　いただく　　　2　務めさせて　3　なりました　　4　ことに

15　来月の出張に＿＿＿ ＿＿＿ ★ ＿＿＿のですが。
　1　いただきたい　2　させて　　　3　私も　　　　4　ご一緒

16　申し訳ございませんが、只今＿＿＿ ★ ＿＿＿ ＿＿＿。
　1　外して　　　　2　部長は　　　3　席を　　　　4　おります

합격 공략 | 실전 연습 12

問題3 つぎの文章を読んで、文章全体の内容を考えて 17 から 21 の中に入る最もよいものを、1・2・3・4から一つえらびなさい。

　1960年代に入ると、食の西洋化が進み、食が多様化しました。その結果、和食の一つである魚を食べる人よりも肉を食べる人が増えてきました。1980年代ごろまでは魚介類の消費が 17 いますが、その後減り続け、2011年には肉と魚の消費量が逆転しました。第1次ベビーブームの世代(1947〜49年生まれ)以前の人は年を 18 取るほど、若いころは肉を食べていた人も魚を好むようになってきていますが、その下の世代からは年を取ってもそのような傾向はなく、また、まぐろ、さけ、さばなどの人気のある魚は消費されるけれど、それ以外は売れないとの調査結果もあります。
　千葉県浦安市の魚市場の、ある店長は閉店を決めました。「私の息子もこの店を 19 し、魚も売れなくなってきているからね。皆さんにもっと魚を 20 いいんだけど、仕方がないね。」と話しています。
　最近、みんなに魚を食べてもらおうと、魚食普及活動のイベントが各地で行われています。これは大事な活動です。 21 イベントだけで終わるのではなく、スーパーなどを含めて、魚を売っている店が力を合わせて、生活者の魚食を育てることが大切です。関係者が一つになって、対策をするべきだと思います。

17 1 伸びて　　2 増やして　　3 減って　　4 少なくなって

18 1 取ると　　2 取ったら　　3 取れば　　4 取るなら

19 1 好きだ　　2 嫌いだ　　3 やりたがらない　4 やりたくない

20 1 召し上がってあげれば　　2 食べさせてくだされば

3 食べていただければ　　4 いただいてやれば

21 1 そのうえ　　2 そして　　3 しかも　　4 しかし

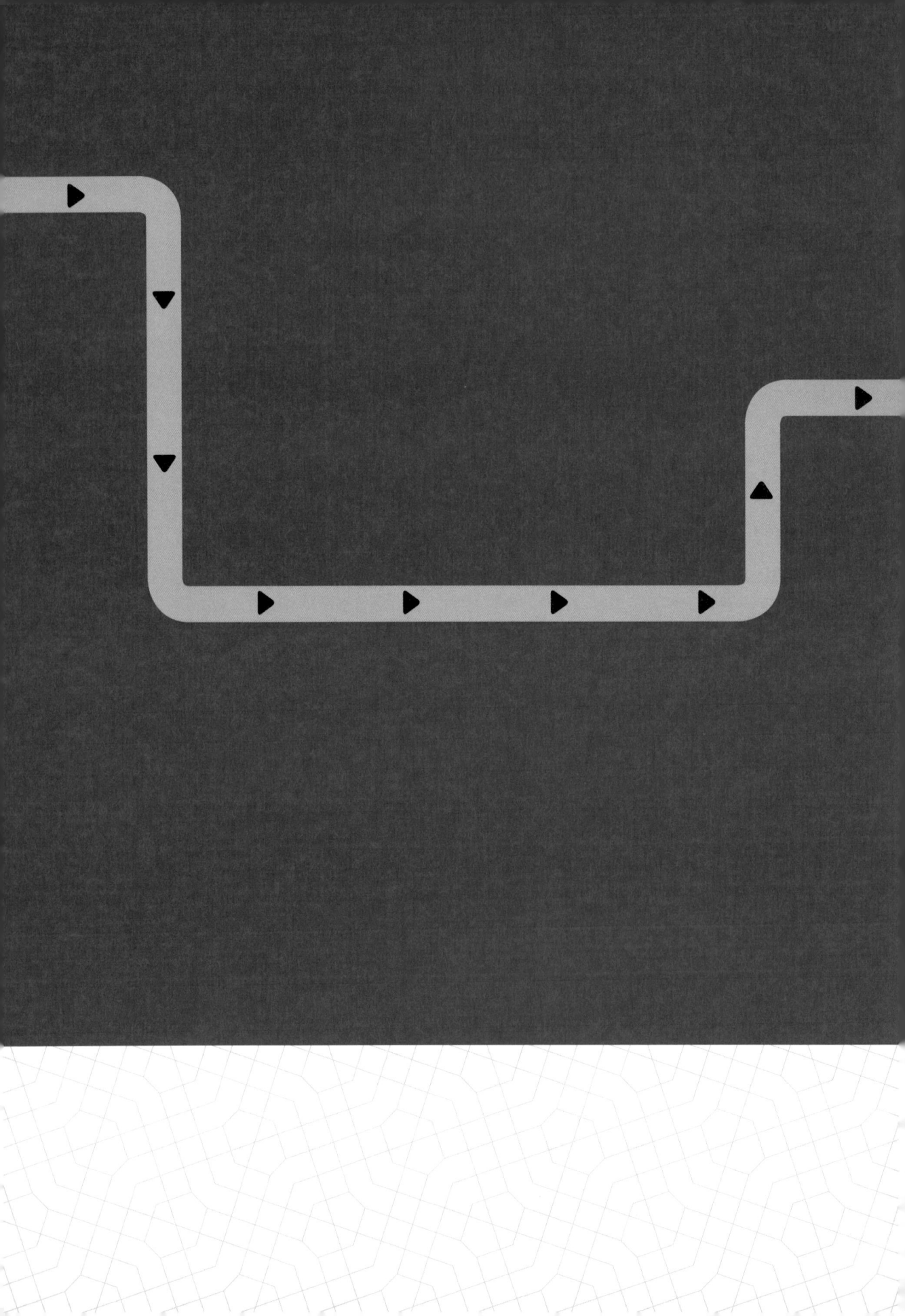

PART 4

실전 공략

모의고사 01 202
모의고사 02 208
모의고사 03 214

〈PART4 실전 공략〉에서는 문법 문제로 구성된 모의고사 3회분을 풀이합니다. 실제로 시험을 보는 것처럼 시간을 정해 두고 문제를 풀이하세요. 문제를 다 푸는 데 걸린 시간과 정답의 개수를 기록하면서 시험을 보기 전 마지막으로 실력을 점검합니다.

실전 공략 | 모의고사 01

問題1 つぎの文の(　　)に入れるのに最もよいものを、1・2・3・4から一つえらびなさい。

① 学生「先生のご指導の(　　)、九州大学に合格しました。」
　先生「何を言っているの。君が努力したからだよ。」

　1　おかげ　　　2　おかげで　　　3　おかげさまで　　4　おかげさまに

② 自然を守る(　　)きちんとごみを分けるようにしている。

　1　ための　　　2　せいで　　　3　ために　　　4　せいに

③ 松本明子は歌手デビューしたが、タレント(　　)有名になった。

　1　さえ　　　2　には　　　3　だけでなく　　　4　として

④ 日本での生活習慣(　　)詳しく教えていただけませんか。

　1　について　　　2　につれて　　　3　にとって　　　4　によって

⑤ 日本語の勉強を長く続ける(　　)、文化にも関心を持つことだ。

　1　には　　　2　とは　　　3　ほど　　　4　さえ

6 A 「自動で明るくなるんですね。」

　　B 「はい。このろうかの電気は人が近づくと(　　)なっています。」

　　1　つくように　　2　つけるように　　3　つけることに　　4　つくものに

7 英語の成績さえもっと(　　)同志社大学に行けたのに。

　　1　いいと　　2　いければ　　3　良いなら　　4　良ければ

8 A 「お父様、娘さんと結婚(　　)ください。」

　　B 「だめだ。君みたいな男はだめだ。」

　　1　して　　2　させて　　3　されて　　4　なさって

9 順番に(　　)、ご自分の席にお座りになって少々お待ちください。

　　1　お呼びにしますので　　　　2　お呼びになっていますので
　　3　お呼びになりますので　　　　4　お呼びしますので

10 銀行からお金をたくさん借りているので、遊んでいる(　　)じゃないんですよ。

　　1　ばかり　　2　だけ　　3　どころ　　4　ところ

실전 공략 | 모의고사 01

11 A 「一日中うちでゴロゴロしていないで、散歩でもしてきたらどうなの？」
　　B 「いやだよ。疲れているんだ（　　）。」

　1　こと　　　2　もの　　　3　とのことだよ　4　そうだよ

12　あの吉岡が出世したという話は、野島（　　）通じて知ったよ。

　1　に　　　　2　で　　　　3　を　　　　　4　から

13　あの子に付き合ってくれと言った（　　）は言ったけど、まだ返事がないよ。

　1　こと　　　2　もの　　　3　べき　　　　4　はず

問題2　つぎの文の＿＿★＿＿に入る最もよいものを、1・2・3・4から一つえらびなさい。

14　ホテルから＿＿＿＿ ★ ＿＿＿＿ ＿＿＿＿、他のところを探してみるつもりだ。

1　って　　　2　予約で　　　3　いっぱい　　　4　言われたので

15　相手の立場に＿＿＿＿ ＿＿＿＿ ★ ＿＿＿＿行動しましょう。

1　よく　　　2　考えてから　　　3　つもりで　　　4　なった

16　自分＿＿＿＿ ★ ＿＿＿＿ ＿＿＿＿か。

1　何なのだろう　　2　に　　3　職業は　　4　向いている

17　A「もうこんな会社なんか＿＿＿＿ ＿＿＿＿ ★ ＿＿＿＿な。」
　　B「最近は退職代行サービスっていうのがあって、代わりに会社に退職の連絡をしてくれるんだって。」

1　づらい　　　　　　　　　2　思っているんだけど
3　辞めようと　　　　　　　4　言い出し

18　内容に＿＿＿＿ ＿＿＿＿ ★ ＿＿＿＿をお願い致します。

1　ご同意　　　　　　　　　2　こちらに
3　いただけましたら　　　　4　サイン

실전 공략 | 모의고사 01

問題3 つぎの文章を読んで、文章全体の内容を考えて 19 から 23 の中に入る最もよいものを、1・2・3・4から一つえらびなさい。

　北京市内のいつも行く床屋に行ったら、初めて見る新人の理容師がいた。かみの毛は金色で手首にタトゥーを入れた、今どきの若者だ。気づかなかったが、去年から働いていたという。まだ客のかみを切ることはできないようで、彼には最初と最後のシャンプーとマッサージを　19　。

　聞いた　20　、河南省の出身。1999年生まれだから、今年(19年現在)で20歳だ。中国で言う「９０後」(90年代生まれ)の一人っ子　21　大事に育てられ、高校を卒業して上京したのかなと思ったら、小学校を出て広東省に働きに行っていたというから驚いた。都市部と農村部の格差が残っているとはいっても、中国でも小学校から中学校への進学率は2004年以降98％を超えている。だが、彼は残りの約2％だった。

　「農村で貧しかったから、仕方ないですよ。でも、工場労働はきつかったな。」と笑って話してくれた。新しい夢に向かって歩き始めたようだ。研修中なので、長い休暇は旧正月4日間だけ。時間もお金もなく、北京はまだ理容師の訓練所と職場　22　知らないという。親しみのある性格はきっと理容師　23　。一日も早く立派な理容師になれるようにがんばってもらいたい。

19

　　1　やってもらった　　2　やってきた　　3　してあげた　　4　してくれた

20

　　1　ばかり　　2　わけで　　3　ところ　　4　こと

21

　　1　だって　　2　として　　3　について　　4　によって

22

　　1　ばかり　　2　だけ　　3　しか　　4　くらい

23

　　1　のはずだ　　2　そうだ　　3　に向いている　　4　に違いない

실전 공략 | 모의고사 02

問題1 つぎの文の(　　)に入れるのに最もよいものを、1・2・3・4から一つえらびなさい。

① A「航(わたる)君、ちょっと見ない(　　)、ずいぶん大きくなったわね。」
　 B「もう高校2年生になりました。」

　1　中　　　　2　中に　　　　3　間　　　　4　間に

② 祖母にはいつも(　　)ままでいてほしいです。

　1　昔　　　　2　元気な　　　3　きれい　　　4　健康に

③ 子供が学校(　　)ので困っています。もう1か月も学校を休んでいるんです。

　1　を休んだばかり　　　　　2　を休んでばかりいる
　3　に行きたくない　　　　　4　が休みたい

④ (会社で)

　社長「出かけるからタクシーを呼んでくれ。」
　社員「もう(　　)あります。」

　1　来て　　　2　止まって　　3　待たせて　　4　着いて

⑤ 幼い子供にスマホを(　　)べきじゃないと考える親が多くいます。

　1　使う　　　2　使わない　　3　使わせる　　4　使われない

6 もうすぐ終電が出るから、(　　)わけにはいかないんですよ。お先に失礼します。

1　帰る　　　　2　帰らない　　　3　帰って　　　4　帰ろう

7 宿題が多くて、今日中に(　　)にもありません。

1　終わるみたい　　　　　　2　終わらないみたい
3　終わりそう　　　　　　　4　終わるそう

8 学生「先生、お荷物を(　　)よ。」
　先生「あ、水野君、ありがとう。」

1　持たれます　　　　　　　2　お持ちになります
3　持っていただきます　　　4　お持ち致します

9 君の給料に比べたら、僕の給料なんか(　　)みたいなものだよ。

1　ただ　　　　2　ただの　　　3　ただな　　　4　ただで

10 この辺りは紅葉がきれいだから、毎年秋に(　　)と観光客が増えるんですよ。

1　なった　　　2　なる　　　　3　なれ　　　　4　ならない

실전 공략 | 모의고사 02

11 A 「昨日ウイスキーを1杯(　　)酔っぱらってしまいました。」

　　B 「お酒に弱いんですね。」

　1　飲めば　　　2　飲んだと　　　3　飲んだら　　　4　飲むなら

12 高い所に上る(　　)、空気が薄くなります。

　1　に代わって　　2　に関して　　3　に比べて　　4　にしたがって

13 私(　　)、妻はなくてはならない存在です。

　1　にわたって　　2　につれて　　3　にとって　　4　にこたえて

問題2　つぎの文の　★　に入る最もよいものを、1・2・3・4から一つえらびなさい。

14 A「鈴木さんも田中さんの結婚式に行かれるんですか。」

　　B「まだ＿＿＿＿ ＿＿＿＿ ★ ＿＿＿＿んですよ。」

　　1　いない　　　2　どうか　　　3　決めて　　　4　行くか

15 テレビのコマーシャルは＿＿＿＿ ＿＿＿＿ ★ ＿＿＿＿が多いです。

　　1　作られている　2　長さで　　　3　15秒の　　　4　もの

16 A「うるさいですよ。＿＿＿＿ ＿＿＿＿ ★ ＿＿＿＿けど。」

　　B「大変申し訳ございません。」

　　1　夜遅く　　　2　ほしいんです　3　まで　　　　4　さわがないで

17 日本酒の＿＿＿＿ ★ ＿＿＿＿ ＿＿＿＿方がいいよ。彼、詳しいから。

　　1　梅島君に　　2　なら　　　　3　こと　　　　4　聞いた

18 打ち合わせの件ですが、明日の＿＿＿＿ ★ ＿＿＿＿ ＿＿＿＿か。

　　1　からに　　　2　10時　　　　3　いただけません　4　変更して

실전 공략 | 모의고사 02

問題3 つぎの文章を読んで、文章全体の内容を考えて 19 から 23 の中に入る最もよいものを、1・2・3・4から一つえらびなさい。

　今日は今学期最初の書道のクラスだ。今年はどんな学生が来ているかな。みんな初めて持つ筆が珍しいようで、 19 。ほとんどの学生が筆を右手に持っていたが、ケイティという女子学生だけ左手で持っていた。それで右手で持つ 20 注意した。日本では右利きの人も左利きの人もどちらでも筆は右で持つことになっているのだ。最初は大変かもしれないが、少しがまんして練習していると慣れてくるものだ。その日は簡単なひらがな 21 練習させた。左利きのケイティは右手で書いたので、字がそんなに上手に書けなくても最初はしかたがない。そのうちに必ず上手になると信じていた。クラスが終わってから、ケイティが 22 に来て、左利きなので左手で 23 と頼んだから、すこしがまんして練習してみてとだけ答えた。次の週、ケイティは書道のクラスに来なかった。日本の習慣を外国の人に教えて、その習慣通りにやってもらうのはなかなか難しいことだと思った。

19
1 興味があったことになる
2 興味がなくなっていくそうだ
3 興味がありそうにしている
4 興味がなかったことにしている

20
1 ことに　　2 ように　　3 ものに　　4 ところに

21
1 だけ　　2 しか　　3 だけしか　　4 ほど

22
1 私　　2 私ながら　　3 私のこと　　4 私のところ

23
1 書いてもらいたい
2 書かせてもらいたい
3 書かれてください
4 書かされてください

실전 공략 | 모의고사 03

問題1　つぎの文の(　　)に入れるのに最もよいものを、1・2・3・4から一つえらびなさい。

1　こうなった(　　)は運を天に任せるしかないな。

1　上　　　　2　以上　　　　3　反面　　　　4　うちに

2　ただ今より私からご報告(　　)。

1　させていただきます　　　　2　させていただけます
3　していただきます　　　　　4　されていただきます

3　A「この店、お昼なのにお客さんがほとんどいませんね。」
　　B「この店の料理は(　　)ようですね。他の店にしましょう。」

1　おいしい　　2　まずい　　3　だめ　　4　人気の

4　A「今夜、すしでも食べに行きませんか。」
　　B「いいね。(　　)なら駅前のすし屋に行こう。」

1　そこ　　　2　それ　　　3　そちら　　　4　そっち

5　そんなに強く言う(　　)ないでしょう。

1　もの　　　2　ところ　　　3　こと　　　4　ほど

6 この場所でたこ焼き屋を(　　)続けて、今年で満30年になります。

1　始め　　　2　する　　　3　して　　　4　やり

7 彼は中国人(　　)韓国人でもありません。日本人です。

1　で　　　2　であり　　　3　でも　　　4　でなく

8 (会社で)
　　A 「この書類さえまとめてしまえば今日の仕事は終わりだ。」
　　B 「先輩、やっとうちに帰れるという(　　)ですね。」

1　そう　　　2　よう　　　3　はず　　　4　わけ

9 まつたけなんか高い(　　)で、おいしくないよ。

1　ほど　　　2　くらい　　　3　ばかり　　　4　ところ

10 電車内での携帯電話による通話はご遠慮(　　)。通話は電車を降りてからお願い致します。

1　させていただきます　　　2　していただきます
3　願います　　　4　致します

실전 공략 | 모의고사 03

11 A 「お前なんかいくら練習しても、ピアノがうまく弾けるようにならないよ。」

　　B 「僕だって一生懸命に練習しているのに、(　　　)を言ったらおしまいだよ。」

　　1　これ　　　　2　それ　　　　3　あれ　　　　4　どれ

12 父親 「君は女だろう。もっと女(　　　)かっこうをしなさい。」

　　娘　 「お父さん、それはセクハラよ。」

　　1　そうな　　　2　のような　　3　みたいな　　4　らしい

13 A 「遅刻なんかしたことのない村井がまだ来ていないし、携帯にも出ないよ。」

　　B 「これは何かあった(　　　)違いないですね。ちょっと村井の家まで行ってきます。」

　　1　に　　　　　2　を　　　　　3　と　　　　　4　が

問題2　つぎの文の　★　に入る最もよいものを、1・2・3・4から一つえらびなさい。

14 スマホでゲームを ＿＿＿ ＿★＿ ＿＿＿ ＿＿＿ なりました。

1　せいか　　　2　やりすぎた　　3　悪く　　　4　目が

15 青少年の＿＿＿ ＿＿＿ ＿★＿ ＿＿＿ が出ました。

1　調査　　　2　結果　　　3　に関しての　　　4　性

16 最近、体の調子が ＿＿＿ ＿＿＿ ＿★＿ ＿＿＿ の。

1　いられない　　2　休んで　　3　悪いけど　　4　ばかりは

17 もっと ＿＿＿ ＿＿＿ ＿★＿ ＿＿＿ か。

1　させて　　　2　私の　　　3　くれない　　　4　したいように

18 結婚する ＿＿＿ ＿★＿ ＿＿＿ ＿＿＿ んですが、全然貯まりません。

1　お金を　　　2　ならない　　3　ために　　　4　貯めねば

실전 공략 | 모의고사 03

問題3 つぎの文章を読んで、文章全体の内容を考えて 19 から 23 の中に入る最もよいものを、1・2・3・4から一つえらびなさい。

　ゲーリーは留学 19 日本に来てもう2か月になる。いろいろカルチャーショックがあったが、驚いたことの一つはパチンコ屋の多さだった。昔よりは少なくなったそうだが、街を歩いているとすぐに見つかるし、特に駅の近くなどには多い。初めは何だか分からなかったが、昨日日本人の友人が連れていって 20 。

　店に入ってまず気が付いたのは、店内がやかましかったことだった。パチンコの玉の音がとてもうるさいし、それに大きな音で音楽も流れている。次に気が付いたのはタバコの煙で、タバコを吸わないゲーリーには、かなり 21 ほどだ。第三に気づいたのは、パチンコをやっている人の顔だった。みんなまじめな顔をしていて、楽しそうな人は一人もいない。そのことを友人に言うと、友人は「それはそうだけど、パチンコは難しいから、一生懸命にやらないとだめなんだ。楽しそうに笑ったりしていたら、絶対にだめで、すぐにお金がなくなってしまうよ。」と答えた。

　ちょっとやってみたらどうかと友人に言われて、ゲーリーもパチンコをやってみた。周りを見ると、みんなジャラジャラと玉をたくさん出している。さっき友人に 22 まじめに一生懸命やってみたが、玉は思ったようにに入らずに、2000円分の玉も3分ぐらいでなくなってしまった。これ 23 お金を使うと、晩ご飯のお金もなくなってしまうので、ゲーリーと友人は外に出た。教科書では学べない日本の文化を知った日だった。

19
1 には　　　2 のもの　　　3 のため　　　4 とは

20
1 あげた　　　2 くれた　　　3 もらった　　　4 きた

21
1 大変　　　2 つらい　　　3 汚い　　　4 嫌い

22
1 言わせたらしく　　　2 言われたそうに
3 言わせるように　　　4 言われたみたいに

23
1 以前　　　2 未満　　　3 なんて　　　4 以上

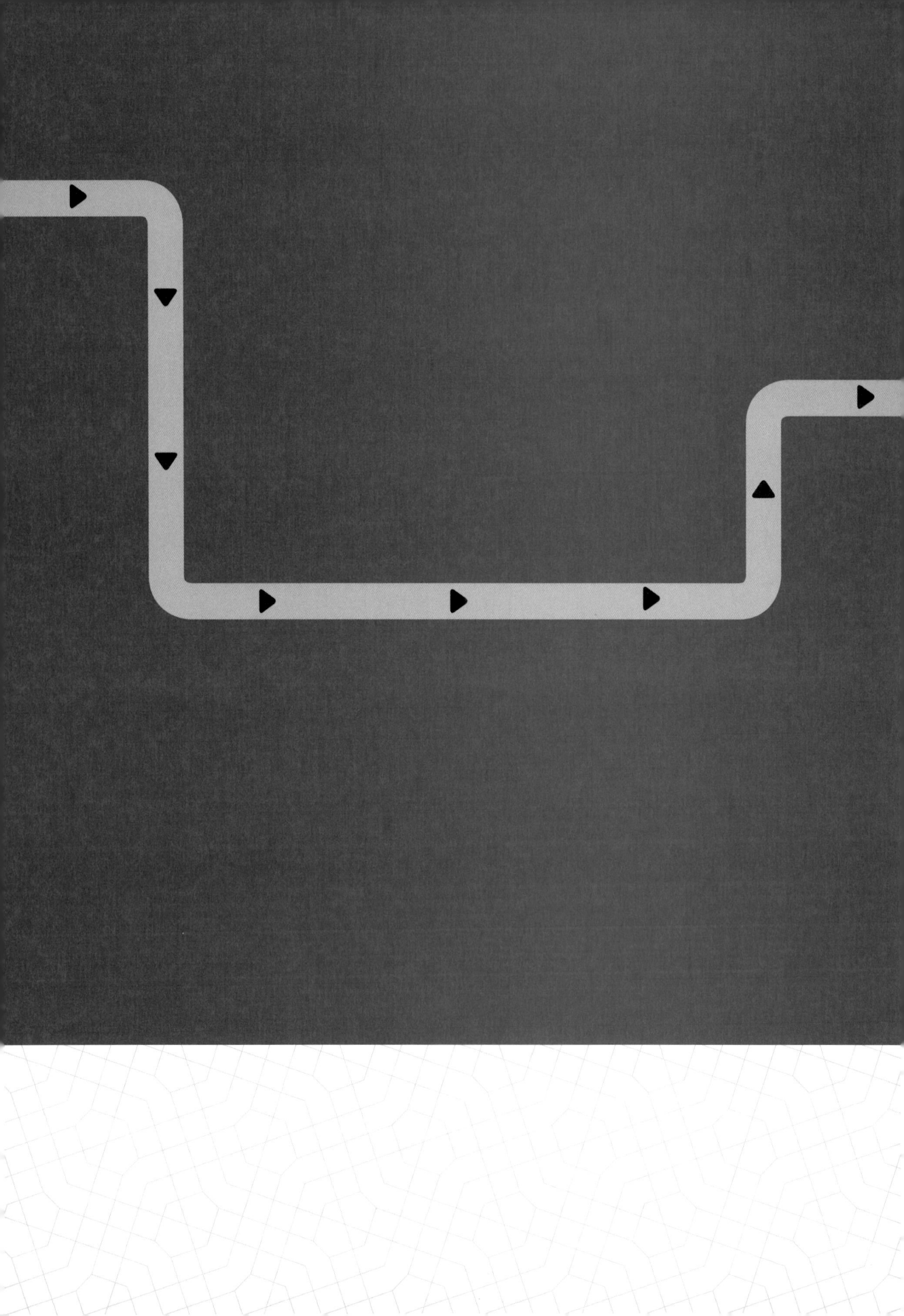

부록

- N3 최다 빈출 문형 222
- 기초 필수 문형(N4) 226
- 조사, 부사, 접속사 정리 232
- 색인 245
- 정답 확인 249

N3 최다 빈출 문형

문형 · 뜻	예문
☐ ～うちに / ～ないうちに ～하는 동안에 / ～하기 전에	いいアイデアは忘れないうちにメモしておこう。 좋은 아이디어는 잊어버리기 전에 메모해 두자.
☐ お(ご) ～する(いたす) ～하다, ～해 드리다	必要な書類は期限までにお送りします。 필요한 서류는 기한까지 보내드리겠습니다.
☐ ～おかげで / ～おかげだ ～덕분에 / ～덕분이다	スマホの地図のおかげで、道に迷わなかった。 스마트폰 지도 덕분에 길을 헤매지 않았다.
☐ ～がする ～가 나다(냄새, 소리, 향기 등)	この辺はいつもコーヒーのにおいがする。 이 주변은 항상 커피 냄새가 난다.
☐ ～かもしれない ～일지도 모른다, ～일 수도 있다	意外と簡単かもしれないから、やってみよう。 의외로 간단할 수도 있으니까 해 보자.
☐ ～がる / ～がっている ～해 하다 / ～해 하고 있다	周りの人が嫌がる行動はやめた方がいい。 주변 사람들이 싫어하는 행동은 그만두는 편이 좋다.
☐ ～くらい ～はない・ほど ～はない ～만큼 ～은 없다	真夏のビールほどおいしいものはない。 한여름의 맥주만큼 맛있는 것은 없다.
☐ ～ことで ～의 건으로, ～의 일로, ～로 인해	今回の取引のことで、お電話いたしました。 이번 거래 건으로 전화 드렸습니다.
☐ ～ことになる ～하기로 되다	この試験にパスしないと留年することになる。 이 시험에 통과하지 못하면 유급하게 된다.
☐ ～(さ)せていただけませんか ～하게 해 주시지 않겠습니까?	もう一点、ご質問させていただけませんか。 한 가지 더 질문하게 해 주시지 않겠습니까?
☐ ～(さ)せてください/(さ)せないでください ～하게 해 주세요 / ～하지 않게 해 주세요	急用で行けなくなったので、キャンセルさせてください。 급한 일 때문에 못 가게 되었으니 취소시켜 주세요.
☐ ～(さ)せてやる・～(さ)せてあげる ～하게 해 주다 (나→남)	たまには思いっ切り泣かせてあげた方がいいと思う。 가끔은 마음껏 울게 해 주는 편이 좋다고 생각한다.

☐	～そうだ ～일 것 같다, ～해 보이다(추측, 양태)	元気そうな赤ちゃんですね。男の子ですか。 건강해 보이는 아기네요. 남자 아이입니까?
☐	～だけで(は)なく(て) ～뿐만 아니라	ここはおいしいだけではなく、値段も手頃です。 이곳은 맛있을 뿐만 아니라 가격도 적당합니다.
☐	～たばかりだ 막 ～했다, ～한 지 얼마 안 되다	空港に着いたばかりです。今からそちらに向かいます。 공항에 막 도착했습니다. 지금 그쪽으로 가겠습니다.
☐	～ため(に) ～을 위해(목적), ～때문에(이유)	EJUは日本の大学に留学するための試験です。 EJU는 일본 대학에 유학하기 위한 시험입니다.
☐	～たら ～하면	今の状況をどうしたらいいのかまったく分からない。 지금 상황을 어떻게 하면 좋을지 전혀 모르겠다.
☐	～だろうと思う / ～かと思う ～일 것이라고 생각하다 / ～인가라고 생각하다	真冬のロシアは寒くて死ぬかと思った。 한겨울의 러시아는 추워서 죽을 뻔했다.
☐	～って(～んだって) ～라고, ～라는, ～래, ～하대, ～라도, ～은, ～라고?	「TSUTAYA」っていう本屋、知っている? '쓰타야'라고 하는 서점, 알아? 誰だって、失敗する時はある。 누구라도 실패할 때는 있다.
☐	～ていく / てくる ～해 가다 / ～해 오다	これからも世界の人口は増えていくでしょう。 앞으로도 세계 인구는 늘어 가겠지요.
☐	～てくださいませんか・～ていただけ ませんか ～해 주시지 않겠습니까?	ちょっとだけ、手を貸していただけませんか。 조금만 거들어 주시지 않겠습니까?
☐	～てほしい / ～ないでほしい ～해 주길 바란다 / ～하지 않기를 바란다	学生のみなさんにはいろいろな経験をしてほしい。 학생 여러분이 여러 가지 경험을 할 바란다.
☐	～てもらえませんか・～てくれませんか ～해 줄 수 없겠습니까?	もっと分かりやすく説明してもらえませんか。 좀 더 알기 쉽게 설명해 줄 수 없겠습니까?

	문법	예문
☐	～という / ～というような ～라고 하는, ～라는 / ～라는 (듯한)	ここは石垣という有名な島だけど、知ってる？ 여기는 '이시가키'라고 하는 유명한 섬인데 알아?
☐	～ところだ ～하려는 참이다, 막 ～한 참이다,	その書類なら、たった今、鈴木さんに渡したところだよ。 그 서류라면 지금 스즈키 씨에게 막 건네 준 참이야.
☐	～として / ～としては / ～としても ～로서 / ～로서는 / ～로서도	プロとしての初優勝にみんな喜んでいる。 프로로서의 첫 우승에 모두 기뻐하고 있다.
☐	～なら ～할 거라면, ～라면	携帯を買うなら、安い店を紹介します。 휴대폰을 살 거라면 싼 가게를 소개하겠습니다.
☐	～なんか・～なんて・～など ～같은 것, ～따위	私なんかにこんな幸せが来ることはないと思っていた。 나 따위에게 이런 행복이 찾아올 일은 없을 거라고 생각했었다.
☐	～に比べて / ～と比べて ～에 비해서 / ～와 비교해서	寮は一般のマンションと比べて家賃がやすい。 기숙사는 일반 아파트와 비교해서 집세가 싸다.
☐	～にしたがって・～にしたがい ～에 따라서	息子は成長するにしたがって、男らしくなってきた。 아들은 성장함에 따라서 남자다워졌다.
☐	～について ～에 대해서	プライベートについてのご質問はご遠慮ください。 프라이버시에 대한 질문은 삼가 주세요.
☐	～にとって / ～にとっても ～에게 있어서 / ～에게 있어서도	外国人にとってそれは確かに差別である。 외국인에게 있어서 그것은 분명히 차별이다.
☐	～によって・～により / による ～에 의해, ～에 따라 / ～에 의한, ～에 따른	最近、未成年者による事件が増えている。 최근에 미성년자에 의한 사건이 증가하고 있다.
☐	～のだ(～んだ) ～인 것이다	せっかく海外に来たのだから、思いっきり楽しもう。 모처럼 해외에 온 것이니까 마음껏 즐기자.

☐	～ば ～ほど ～하면 ～할수록	給料は高ければ高いほどいいものです。 급여는 비싸면 비쌀수록 좋은 법입니다.
☐	～はずがない ～일 리가 없다, ～할 리가 없다	優しい彼が人にそんなひどいこと言うはずがない。 상냥한 그가 남에게 그런 심한 말을 할 리가 없다.
☐	～はずだ 당연히 ～할 것이다, 분명 ～임이 틀림없다	私の財布、ここに置いたはずなんだけど、ないわ。 내 지갑, 여기에 둔 것이 틀림없는데, 없어.
☐	～まま(で) ～한 채(로)	このお寺は年月が経っても昔のままです。 이 절은 세월이 지나도 옛날 그대로입니다.
☐	～ようだ ～인 것 같다(추측)	最近、彼と親しくなったような気がします。 요즘 그와 친해진 것 같은 느낌이 듭니다.
☐	～(よ)うとする / ～(よ)うとしない ～하려고 하다 / ～하려고 하지 않다	6時を過ぎたのに、誰も家に帰ろうとしない。 6시를 넘겼는데도 아무도 집에 돌아가려고 하지 않는다.
☐	～ように・～みたいに / ～ような・～みたいな ～같이, ～처럼 / ～같은	パク・ボゴムさんは歌手みたいに歌がうまいです。 박보검 씨는 가수처럼 노래를 잘합니다.
☐	～ように ～하도록 / ～하기를	外国人でも分かるようにひらがなで書いてください。 외국인이라도 알 수 있도록 히라가나로 써 주세요.
☐	～ようにする ～하도록 하다	いやだったこと、過ぎたことは早く忘れるようにしている。 싫었던 일, 지나간 일은 가능한 한 빨리 잊도록 하고 있다.
☐	～ようになる ～하게 되다	手を当てると自動的に動くようになっている。 손을 대면 자동적으로 움직이게 되어 있다.
☐	～(ら)れる ～되다, ～히다, ～함을 당하다, ～받다	さっきからずっと誰かに見られている気がする。 아까부터 계속 누군가가 보고 있는 느낌이 든다.

기초 필수 문형(N4)

문형	뜻	예문
☐ ～ことがある	～하는 경우가 있다	夜中に急に目が覚めることがある。 한밤중에 갑자기 잠이 깨는 경우가 있다.
☐ ～ことができる	～하는 것이 가능하다, ～할 수 있다	まだ子供なのに一人で暮らすことができる？ 아직 아이인데 혼자서 생활할 수 있어?
☐ ～しか ～ない	～밖에 ～없다	韓国人の彼にしかできない仕事だ。 한국인인 그에게밖에 할 수 없는 일이다.
☐ ～すぎる	너무 ～하다, 지나치게 ～하다	동사의 ます형, い형용사·な형용사의 어간에 접속한다. この水は冷たすぎて、歯にしみます。 이 물은 너무 차가워서 이가 시립니다.
☐ ～だけ / ～だけで～だけだ	～뿐, ～만/～만으로/ ～할 뿐이다	あとはメールを送るだけだから、すぐ終わると思う。 이제 메일을 보내기만 하면 되니까 금방 끝날 거라고 생각한다.
☐ ～たことがある	～한 적이 있다	私は一度もバイトをしたことがありません。 나는 한 번도 아르바이트를 한 적이 없습니다.
☐ ～た方がいい / ～ない方がいい	～하는 편이 좋다/ ～하지 않는 편이 좋다	① 彼女に直接会って話した方がいい。 그녀를 직접 만나서 이야기하는 편이 좋다. ② 知らない方がいい時もあるのです。 모르는 편이 좋을 때도 있는 것입니다.
☐ ～たり ～たりする	～하기도 하고, ～하기도 하다	仕事で、ソウルとプサンを行ったり来たりしている。 일 때문에 서울과 부산을 왔다 갔다 하고 있다.
☐ ～だろう· ～でしょう	～이겠지, ～일 것이다	森下は今日も遅れて教室に入ってくるだろう。 모리시타는 오늘도 늦게 교실에 들어오겠지.

☐ ~ちゃった	~해 버렸다	~てしまった(~해 버렸다)의 회화체 축약형이다. ~てしまう는 ~ちゃう, ~でしまう는 ~じゃう가 된다. こんな時間にチキンを食べちゃった。 이런 시간에 치킨을 먹어 버렸다.
☐ ~つもりだ	~할 생각이다	来年、新しい家に引っ越すつもりだ。 내년에 새집으로 이사할 생각이다.
☐ ~てあげる / ~てさしあげる	~해 주다/~해 드리다 (나→남)	수수 표현으로 '내가 남에게' 또는 '제3자가 제3자에게' 어떤 동작을 해 줄 때 사용한다. まじめな彼のことだから、ゆっくり待ってあげよう。 성실한 그니까 천천히 기다려 주자.
☐ ~でいい	~로 좋다, ~라도 괜찮다	明日まででいいから、連絡お願いします。 내일까지로(도) 괜찮으니까 연락 부탁합니다.
☐ ~ている	① ~하고 있다 (동작 진행) ② ~해져 있다 (상태 지속)	① みんな玄関の前で待っています。 모두 현관 앞에서 기다리고 있습니다. ② 日曜日には正面玄関は閉まっている。 일요일에는 현관 정문이 닫혀 있다.
☐ ~ておく	~해 두다	これが大事なポイントだから、覚えておきましょう。 이것이 중요한 포인트니까 외워 둡시다.
☐ ~てから	~하고 나서	どこに行くか決めてから出かけましょう。 어디에 갈지 정하고 나서 나갑시다.
☐ ~てくれる / ~てくださる	~해 주다/~해 주시다 (남 → 나)	수수표현으로 남이 나(나의 가족, 내 쪽에 있는 사람 포함)에게 어떤 동작을 해 주었을 때 사용한다. 동작을 해 준 사람을 주어로 하여 문장을 만든다. 送ってくれて、ありがとう。 바래다 줘서 고마워.

☐ ～てしまう	～해 버리다	こんなに簡単なこと、早くやってしまおう。 이렇게 간단한 일, 빨리 해 버리자.
☐ ～てはいけない・ ～てはだめだ・ ～てはならない	～해서는 안 된다, ～하면 안 된다	同じミスを繰り返してはいけない。 같은 실수를 반복해서는 안 된다.
☐ ～てみる	～해 보다	死ぬ前にオーロラが見てみたい。 죽기 전에 오로라를 (봐) 보고 싶다.
☐ ～ても / ～でも	～하더라도/～해도	いつつぶれてもおかしくない会社だ。 언제 망해도 이상하지 않은 회사이다.
☐ ～でも ～でも	～이든 ～이든	勉強のことでも何でもご相談ください。 공부에 관한 것이든 무엇이든 상담해 주세요.
☐ ～てもいい	～해도 된다	信号が青の時は渡ってもいいです。 신호가 파랑일 때는 건너도 됩니다.
☐ ～てもらう / ～ていただく	～해 받다	다른 사람이 나에게 어떤 동작을 해 주었을 때 사용하며, 도움이나 혜택을 받은 사람을 주어로 해서 문장을 작성한다. 한국어의 자연스러운 해석은 '～가 ～해 주다'이다. 友達に故障したテレビを修理してもらった。 친구가 고장 난 TV를 고쳐 주었다.
☐ ～とく	～해 두다	～ておく(～해 두다)의 회화체 축약형이다. 皆に伝えといたから、大丈夫だよ。 모두에게 전달해 두었으니까 괜찮아.

☐ ~な	① ~하지 마 (금지) ② ~해	동사의 사전형에 접속하면 '금지'를 표현하고, 동사의 ます형에 접속하면 '~해'라는 의미가 된다. ① 室内でたばこを吸うな。 　실내에서 담배를 피우지 마. ② この小説、読んでみな。 　이 소설 읽어 봐.	
☐ ~ないで / 　~なくて	① ~하지 않고 ② ~하지 않아서	① 連絡もしないで、遊びに来るな。 　연락도 하지 않고 놀러 오지 마. ② コーヒーに砂糖が入っていなくて、苦いです。 　커피에 설탕이 들어있지 않아서 씁니다.	
☐ ~ながら	~하면서	音楽を聞きながらストレッチをするのは体にいい。 음악을 들으면서 스트레칭을 하는 것은 몸에 좋다.	
☐ ~なきゃ	~하지 않으면, ~해야 해	~なければ(~하지 않으면)의 회화체 축약형으로, ~なければならない를 모두 줄여 ~なきゃ(~해야 해)로도 사용한다. 約束は守らなきゃいけないと思う。 약속은 지키지 않으면 안 된다고 생각한다.	
☐ ~なくちゃ	~하지 않으면, ~해야 해	회화체 축약형으로, ~なくてはならない를 모두 줄여 ~なくちゃ(~해야 해)로도 사용한다. 結婚式までに5kg減らさなくちゃ。 결혼식까지 5kg 빼야 해.	
☐ ~なくてはだめだ ・~なければならない・~ないといけない	~하지 않으면 안 된다	変更があったら、上司に知らせなければならない。 변경이 있으면 상사에게 알리지 않으면 안 된다.	

☐ ～なくてもいい	～하지 않아도 된다	忙しかったら、無理して手伝わなくてもいいよ。 바쁘면 무리해서 돕지 않아도 괜찮아.
☐ ～に ～に	～에 ～에, ～며 ～며	たこ焼きにすしに焼き魚、日本料理は何でも好きだ。 다코야키며 스시며 구운 생선, 일본 요리는 뭐든지 좋아한다.
☐ ～にくい	～하기 어렵다, ～하기 힘들다	동사의 ます형에 접속하여 어떤 동작이 불편하거나 힘들다고 말할 때 사용한다. 朝のラッシュアワーは人が多くて歩きにくい。 아침 러시아워는 사람이 많아서 걷기 힘들다.
☐ ～にする	① ～로 하다(선택, 결정) ② ～하게 하다, ～(이)히 하다	① お昼はお弁当にします。 점심은 도시락으로 하겠습니다. ② インフルエンザ予防のために、手をきれいにしましょう。 독감 예방을 위해 손을 깨끗이 합시다.
☐ ～のこと	～(에 관한) 것, 일	最近、進学のことで悩んでいる。 요즘 진학에 관한 것 때문에 고민하고 있다.
☐ ～のに	～인데도, ～한데도	せっかく作ったのに、誰も食べてくれない。 모처럼 만들었는데 아무도 먹어 주지 않는다.
☐ ～までに / ～まで	① ～까지(는) ② ～까지	までには 정해진 시간 안에 그 동작을 한 번만 하면 되는 상황을 표현할 때 사용되고, 까지는 특정 시간까지 어떤 동작이나 상황이 계속 이어지는 것을 의미한다. ① 参加したい人は9時までに来てください。 참가하고 싶은 사람은 9시까지(는) 와 주세요. ② 授業が終わるまで、待っていてください。 수업이 끝날 때까지 기다려 주세요.

☐ ～やすい	～하기 쉽다, ～하기 편하다	동사의 ます형에 접속하여 어떤 동작이 용이하거나 쉽다고 말할 때 사용한다. あなたの日本語は発音がきれいで分かりやすい。 당신의 일본어는 발음이 좋아서 이해하기 쉽다.
☐ ～(よう)と思う	① ～라고 생각하다 ② ～하려고 생각하다	보통형에 ～と思う를 접속하면 '추측이나 의견' 등을 말할 때 사용하는 표현이 되고, 의지형에 접속하면 '자신의 의지'를 나타내는 표현이 된다. ① この試合は絶対勝つと思う。 이 경기는 반드시 이길 거라고 생각한다. ② 今年で、会社を辞めようと思っている。 올해를 끝으로 회사를 그만두려고 생각하고 있다.

조사·부사·접속사 정리

● **조사**

조사	뜻	예문
~か	① ~인지 ② ~까?(의문문) ③ ~이나(선택)	① 何時ごろ着くか調べてからご連絡します。 몇 시쯤 도착할지 알아보고 나서 연락 드리겠습니다. ② あなたは日本語が上手ですか。 당신은 일본어를 잘하십니까? ③ メールかファックスで送ってください。 메일이나 팩스로 보내 주세요.
~が	① ~이, ~가 ② ~지만, ~입니다만 (역접)	このパートはわたくしが担当しております。 이 파트는 제가 담당하고 있습니다. 今日は雨だったが、明日は晴れだそうだ。 오늘은 비가 왔지만, 내일은 맑다고 한다.
~から	① ~로부터, ~에서 (출발) ② ~때문에	① 日本から参りました。香取と申します。 일본에서 왔습니다. 가토리라고 합니다. ② 今日は定休日だから、閉まっている。 오늘은 정기 휴일이기 때문에 닫혀 있다.
~くらい(ぐらい)	~정도, ~가량, ~쯤	これを日本で買うといくらくらいするか知っていますか。 이것을 일본에서 사면 얼마 정도 하는지 알고 있습니까?
~ころ(ごろ)	~쯤, ~경	午後2時ごろ石垣島に到着すると思います。 오후 2시경 이시가키 섬에 도착할 거라고 생각합니다.
~しか	~밖에	学生時代にしかできない経験をたくさんしてほしい。 학생 시절에밖에 할 수 없는 경험을 많이 하길 바란다.
~ずつ	~씩	日本では家族みんな自転車を一台ずつ持っている。 일본에서는 가족 모두 자전거를 한 대씩 가지고 있다.
~だけ	~만, ~뿐	今日一日だけでよければ、通訳できます。 오늘 하루만으로 괜찮으면 통역 가능합니다.

☐ ～で	① ~에서(동작하는 장소, 범위) ② ~로(수단, 방법, 도구, 재료) ③ ~로(기한, 한도, 최소 조건) ④ 동작의 주체 ⑤ ~라서, ~때문에(원인, 이유)	① 私は東京で生まれて、大阪で育ちました。 나는 도쿄에서 태어나서 오사카에서 자랐습니다. ② このカフェでは紙で作られたストローを使っている。 이 카페에서는 종이로 만들어진 빨대를 사용하고 있다. ③ お金はこれで十分だと思います。 돈은 이걸로 충분하다고 생각합니다. ④ 週末は家族で日本旅行に行って来た。 주말에는 가족과 일본 여행을 다녀왔다. ⑤ 今朝は雪でみんな遅刻した。 오늘 아침은 눈 때문에 모두 지각했다.
☐ ～でも	~라도, ~든지	このイベントは誰でも参加できます。 이 이벤트는 누구든지 참가할 수 있습니다. よろしければ、一緒に食事でもしませんか。 괜찮으시면 함께 식사라도 하지 않겠습니까? 日本人でも分からない漢字はあるはずだ。 일본인이라도 모르는 한자는 있을 것이다.
☐ ～と	① ~랑, ~와, ~과 (나열) ② ~라고(인용)	① 車と自転車は歩道を走ってはいけません。 차와 자전거는 보도를 달려서는 안 됩니다. ② 正広は今年で会社を辞めると言っている。 마사히로는 올해로 회사를 그만둔다고 말하고 있다.
☐ ～とか	~라든가(예시)	私は日本のアニメとかドラマとかが大好きです。 나는 일본의 애니메이션이라든가 드라마 같은 것을 아주 좋아합니다.
☐ ～に	① ~에(시간) ② ~에(존재하는 장소) ③ ~에, ~로(동작의 방향, 목적지) ④ ~에게(동작, 작용의 대상) ⑤ ~로(선택) ⑥ ~하러(목적)	① 毎日6時に起きて、10時に寝る生活をしている。 매일 6시에 일어나고 10시에 자는 생활을 하고 있다. ② 今、会社には誰もいません。 지금 회사에는 아무도 없습니다. ③ プサンに行く時はKTXの方が楽で、速い。 부산에 갈 때는 KTX가 편하고, 빠르다. ④ 子供の時、親にもらったピアノを今も弾いている。 어렸을 때 부모님에게 받은 피아노를 지금도 치고 있다. ⑤ カレーにする？それともどんぶりものにする？ 카레로 할래? 아니면 덮밥으로 할래? ⑥ 今、あなたに会いに行きます。 지금 당신을 만나러 갑니다.

☐ ～の	① ～의 ② ～의 것 ③ ～가	① 私の家はソウルにあります。 나의 집은 서울에 있습니다. ② このノートパソコンは誰のですか。 이 노트북은 누구의 것입니까? ③ 雨の降る日は危ないから、自転車に乗らないでください。 비가 내리는 날은 위험하니까 자전거를 타지 마세요.
☐ ～は	① ～은, ～는(주어) ② ～은, ～는(한정, 대비)	① 私は今、台湾にいます。 나는 지금 대만에 있습니다. ② サッカーは好きだけど、野球はきらいだ。 축구는 좋아하지만 야구는 싫어한다.
☐ ～ばかり	① 정도, 쯤, 가량 ② ～만, ～뿐	① 運動を1年ばかり休んでいる。 운동을 1년 정도 쉬고 있다. ② ゲームばかりしていると頭がおかしくなるかもしれない。 게임만 하고 있으면 머리가 이상해질지도 모른다.
☐ ～へ	～으로, ～로(방향, 도착점)	親と相談してイギリスへの留学を決めた。 부모님과 상담해서 영국으로의 유학을 결정했다.
☐ ～ほど	～정도, ～만큼	完成まであと10分ほどだから、ちょっと待っててね。 완성까지 앞으로 10분정도이니까, 조금만 기다려.
☐ ～まで	～까지	東京から大阪まで飛行機で2時間くらいかかる。 도쿄에서 오사카까지 비행기로 2시간 정도 걸린다.
☐ ～も	① ～도 ② ～이나	① ビールも好きですが、私は日本酒が一番好きです。 맥주도 좋아하지만, 나는 일본주를 가장 좋아합니다. ② 社員が200人もいる大きな会社の社長だ。 사원이 200명이나 있는 큰 회사의 사장이다.
☐ ～や	～랑, ～이나	魚や野菜など健康にいい物を食べましょう。 생선이나 야채 등 건강에 좋은 것을 먹읍시다.

☐ ~より	① ~보다 ② ~부터	① ソウル**より**東京の方が人口が多い。 서울보다 도쿄 쪽이 인구가 많다. ② コンサートは6時**より**始まります。 콘서트는 6시부터 시작됩니다.
☐ ~を	① ~을, ~를 　(목적, 대상) ② ~에서 　(통과점, 출발점, 경로)	① 家**を**買うために貯金している。 집을 사기 위해서 저금하고 있다. ② この交差点**を**右に曲がると駅が見える。 이 교차로에서 오른쪽으로 돌면 역이 보인다.

● 부사

부사	뜻	예문
☐ あまりに(も)	너무나(도)	あまりにも楽しくて時間を忘れるほどだった。 너무나 즐거워서 시간을 잊을 정도였다.
☐ いくら	아무리	いくらお願いしても聞いてくれません。 아무리 부탁해도 들어 주지 않습니다.
☐ いつか	언젠가	いつか富士山に登ってみたいと思っています。 언젠가 후지산에 올라 보고 싶다고 생각하고 있습니다.
☐ いつの間にか	어느새	ゲームをしていたら、いつの間にか朝になっていた。 게임을 하고 있었더니 어느새 아침이 되어 있었다.
☐ 今さら	이제 와서, 새삼스럽게	今さら後悔したって何も変わらない。 이제 와서 후회해도 아무것도 바뀌지 않는다.
☐ 今にも	당장에라도, 곧, 금방	今にも雨が降り出しそうだから、傘を用意しましょう。 당장에라도 비가 내릴 것 같으니까 우산을 준비합시다.
☐ 必ず	반드시, 꼭	身分証明書を必ずご持参ください。 신분증을 반드시 지참해 주세요.
☐ 必ずしも ~ない	반드시 ~인 것은 아니다	高い物が必ずしも品質がいいとは言えない。 비싼 물건이 반드시 품질이 좋다고는 말할 수 없다.
☐ かなり	제법, 꽤, 상당히	残業が多くてかなり疲れているようだ。 잔업이 많아서 상당히 피곤한 것 같다.
☐ きちんと	깔끔히, 정확히	自分の部屋はきちんと片づけなさい。 자신의 방은 깔끔히 정리하세요.

☐	きっと	분명, 꼭, 반드시	これを知ったらきっとがっかりするだろう。 이것을 알면 분명 실망할 것이다.
☐	急に	갑자기, 별안간	急に用事が入って行けなくなった。 갑자기 볼일이 생겨서 못 가게 되었다.
☐	決して	결코, 절대로	この話を決して他の人に話してはいけない。 이 이야기를 절대로 다른 사람에게 말하면 안 된다.
☐	この間	요전, 전날	この間の件ですが、あの後どうなりましたか。 지난 번 건 말인데요, 그 후 어떻게 되었습니까?
☐	こんなに	이렇게	こんなに道が混んでいる時は電車の方が速いよ。 이렇게 길이 막힐 때는 전철 쪽이 빨라.
☐	さっそく	곧, 즉시, 빨리	ご注文いただいた商品はさっそくお送りします。 주문해 주신 상품은 즉시 발송하겠습니다.
☐	さらに	게다가, 더욱이	春のPM2.5はさらにひどくなった。 봄의 초미세먼지는 더욱 심해졌다.
☐	次第に	점차로, 점점	台風が近づいて次第に風が強くなった。 태풍이 접근해서 점점 바람이 강해졌다.
☐	しっかり	똑똑히, 꼭, 꽉	子供なのにしっかりした考えを持っている。 어린 아이인데도 제대로 된 생각을 가지고 있다.
☐	しばらく	잠깐, 잠시, 당분간	すぐ終わりますので、もうしばらくお待ちください。 금방 끝나니까 잠시만 더 기다려 주십시오.

☐ ずいぶん	꽤, 몹시	店に入るまでずいぶん待たされた。 가게에 들어갈 때까지 꽤 기다렸다. 6月になってずいぶん暑くなってきた。 6월이 되고 몹시 더워졌다.
☐ 少なくとも	적어도	少なくとも年に一度は旅行に行くことにしている。 적어도 1년에 한 번은 여행을 가기로 하고 있다.
☐ 少しも ～ない	조금도 ～아니다	頑張っているのに少しも進んでいない。 노력하고 있는데 조금도 진전되지 않는다.
☐ すっかり	완전히, 모두, 몽땅	一日まるごと休んだら風邪がすっかり治った。 하루 통째로 쉬었더니 감기가 완전히 나았다.
☐ ずっと	계속, 쭉, 훨씬, 매우	朝から晩までずっと立って仕事をしている。 아침부터 밤까지 계속 서서 일을 하고 있다. 飛行機より新幹線の方がずっと便利です。 비행기보다 신칸센 쪽이 훨씬 편리합니다.
☐ ぜひ	꼭, 제발	よろしければぜひ使ってみてください。 괜찮으시면 꼭 사용해 보세요.
☐ たしか	필시, 아마도	たしかここに置いたけど、ないわ。 필시 여기에 두었는데 없네.
☐ たしかに	분명히, 확실히	たしかに雨の日はUSJもすいていますね。 확실히 비 오는 날은 USJ(유니버설 스튜디오 재팬)도 한가하네요.
☐ 例えば	예를 들면	例えば神戸のような所に住んでみたいです。 예를 들면 고베 같은 곳에 살아 보고 싶습니다.
☐ たぶん	아마(도)	空がきれいですね。たぶん明日は晴れるでしょう。 하늘이 예쁘네요. 아마 내일은 맑겠죠.

☐ たまに	가끔	だいたいビールを飲みますが、たまにワインも飲みます。 대부분 맥주를 마시지만, 가끔 와인도 마십니다.
☐ ちっとも ～ない	조금도 ～하지 않다	いくら練習してもちっともうまくならない。 아무리 연습해도 조금도 능숙해지지 않는다.
☐ ちょうど	마침, 꼭, 알맞게, 정확히	これくらいがちょうどいいサイズだ。 이 정도가 딱 좋은 사이즈이다.
☐ ついに	끝내, 마침내, 드디어	大変だったけど、ついにレポートを完成させることができた。 힘들었지만, 끝내 리포트를 완성할 수 있었다.
☐ つまり	즉, 결국, 다시 말해	つまり彼女のことが好きだということですね。 즉 그녀를 좋아한다는 것이군요.
☐ できるだけ	되도록, 될 수 있는 대로	できるだけ給食を残さないようにしています。 되도록 급식을 남기지 않도록 하고 있습니다.
☐ どうして	왜	どうして失敗したかを調べる必要がある。 왜 실패했는지를 알아볼 필요가 있다.
☐ どうしても	아무리 해도, 꼭, 무슨 일이 있어도	仕事が多くて、どうしても旅行は無理です。 일이 많아서 아무리 해도 여행은 무리입니다. どうしても今日中に返事をしなければならない。 무슨 일이 있어도 오늘 중에 답변을 해야 한다.
☐ とうとう	드디어	長く付き合っていた二人はとうとう結婚した。 오래 사귀고 있던 두 사람은 드디어 결혼했다.
☐ どうも	아무래도, 어쩐지, 정말	どうもあの人が新しい社長のようだ。 아무래도 저 사람이 새로운 사장인 것 같다. どうもパソコンの調子がおかしい。 어쩐지 컴퓨터 상태가 이상하다.

☐ どれだけ～(こと)か	얼마나 ～한지	どれだけ寂しかったか君は分からないだろう。 얼마나 외로웠는지 너는 모를 것이다.
☐ どんなに	얼마나, 아무리	娘が生まれた時、どんなにうれしかったことか。 딸이 태어났을 때 얼마나 기뻤던가. どんなに練習が大変でもあきらめるつもりはない。 아무리 연습이 힘들어도 포기할 생각은 없다.
☐ なかなか	좀처럼, 꽤, 상당히	ずっと待っているのに、バスがなかなか来ない。 계속 기다리고 있는데 버스가 좀처럼 오지 않는다. なかなかすてきな店だと思わない? 상당히 멋진 가게라고 생각하지 않아?
☐ なぜ(なのか)	왜인지	誰も来ていないが、なぜなのか分からない。 아무도 오지 않았는데 왜인지 모르겠다.
☐ なるべく	되도록, 될 수 있는 대로	なるべくたくさんの人にこの映画を見てもらいたいと思っている。 되도록 많은 사람들이 이 영화를 봐 주면 좋겠다고 생각하고 있다.
☐ 初めて	처음(으로)	初めて京都に行ったけど、すごくきれいだった。 처음 교토에 갔는데 엄청 예뻤다.
☐ ぴったり	딱(맞음, 어울림), 꼭	雨の日にぴったり合う歌だと思いませんか。 비 오는 날에 딱 어울리는 노래라고 생각하지 않으십니까?
☐ まさか	설마	これぐらいでまさかあきらめるのではないでしょう。 이 정도로 설마 포기하는 것은 아니겠지요.
☐ まだ	아직	昨日発送したんですが、まだ届いていませんか。 어제 발송했는데 아직 도착하지 않았습니까?
☐ まったく	전혀, 완전히	彼は生の魚はまったく食べないんだ。 그는 날생선은 전혀 먹지 않는다.

☐	まもなく	곧, 머지않아	まもなく1番ホームに電車がまいります。 곧 1번 홈으로 전철이 들어옵니다.
☐	まるで	마치, 전혀	寝ている赤ちゃんはまるで天使のようだ。 자고 있는 아기는 마치 천사 같다.
☐	もう	이미, 이제, 벌써	いいチャンスだったのに、もう終わったよ。 좋은 기회였는데 이미 끝났어. もう要らなくなったものは売るつもりだ。 이제 필요 없게 된 것은 팔 생각이다. もう7月だね。本格的な夏が始まったよ。 벌써 7월이네. 본격적인 여름이 시작되었어.
☐	もしかして	혹시, 어쩌면	もしかして野村さんでいらっしゃいますか。 혹시 노무라 씨이십니까?
☐	もしかすると・もしかしたら	어쩌면	もしかすると約束を忘れているかもしれない。 어쩌면 약속을 잊고 있을지도 모른다.
☐	もちろん	물론	ひらがなはもちろん漢字も書けます。 히라가나는 물론 한자도 쓸 수 있습니다.
☐	もっとも	가장, 무엇보다도	世界でもっとも人口の多い国は中国だ。 세계에서 가장 인구가 많은 나라는 중국이다.
☐	ようやく	겨우, 가까스로	タクシーに乗ってようやく約束の時間に間に合った。 택시를 타서 겨우 약속 시간에 늦지 않았다.
☐	わざわざ	일부러	わざわざ空港まで迎えに来てくれた。 일부러 공항까지 데리러 와 주었다.

● 접속사

접속사	뜻	예문
□ あるいは	또는, 혹은	明日あるいは明後日お伺いできると思います。 내일 또는 내일 모레 찾아뵐 수 있을 거라 생각합니다.
□ 一方	한편	姉は優しくてかわいい。一方、妹は冷たくてわがままだ。 언니는 다정하고 귀엽다. 한편 여동생은 냉정하고 멋대로이다.
□ けれども	그렇지만, 하지만	数学は難しい。けれども、やってみれば面白いところもある。 수학은 어렵다. 하지만 해 보면 재미있는 부분도 있다.
□ しかし	하지만, 그러나, 그렇지만	夜も寝ずに勉強した。しかし、合格点には達しなかった。 밤에 자지도 않고 공부했다. 그러나 합격점에는 미치지 못했다.
□ しかも	게다가	彼はとてもやさしくてハンサムだ。しかも背も高い。 그는 매우 상냥하고 잘생겼다. 게다가 키도 크다.
□ したがって	따라서	TOEICの点数がないと卒業できない。したがって、あなたは留年だ。 토익 점수가 없으면 졸업할 수 없다. 따라서 너는 유급이다.
□ すると	그러자, 그랬더니	パソコンをつけた。すると変なメッセージが画面に表示された。 컴퓨터를 켰다. 그랬더니 이상한 메시지기 화면에 표시되었다.
□ そういえば	그러고 보니	そういえば、明日チェジュ島に行くって言ったじゃない? 그러고 보니 내일 제주도에 간다고 그러지 않았어?
□ そうすると・そうすれば	그렇다면, 그렇게 되면, 그랬더니	窓を開けた。そうすると大きい虫が入ってきた。 창문을 열었다. 그랬더니 큰 벌레가 들어왔다.
□ そこで	그래서	世界旅行がしたい。そこで、毎日少しずつお金をためている。 세계 여행을 하고 싶다. 그래서 매일 조금씩 돈을 모으고 있다.

☐ そして	그리고	明日出張があります。そして夜は飲み会もあります。	
		내일 출장이 있습니다. 그리고 밤에는 회식도 있습니다.	
☐ そのうえ	게다가	北海道の冬は寒い。そのうえ、雪も多い。	
		홋카이도의 겨울은 춥다. 게다가 눈도 많다.	
☐ そのため(に)	그것 때문에	昨日は風が強かった。そのため、飛行機は飛べなかった。	
		어제는 바람이 강했다. 그 때문에 비행기는 뜨지 못했다.	
☐ それから	그리고	まずはひらがなを覚えましょう。それから、会話の勉強を始めてください。	
		우선 히라가나부터 외웁시다. 그리고 회화 공부를 시작해 주세요.	
☐ それで	그래서	A「彼女は日本に留学したことがあるよ。」 B「それで日本語が上手だったんだね。」	
		A "그녀는 일본에서 유학한 적이 있어." B "그래서 일본어를 잘했구나."	
☐ それでも	그렇지만, 그렇더라도	とても高いかばんだ。それでも買いたがる人は多いはずだ。	
		매우 비싼 가방이다. 그렇더라도 사고 싶어하는 사람은 많을 것이다.	
☐ それとも	그렇지 않으면	コーヒーはアイスにしますか。それともホットにしますか。	
		커피는 아이스로 하시겠습니까? 그렇지 않으면 뜨거운 것으로 하시겠습니까?	
☐ それなのに	그런데도	結婚した。それなのに、幸せにならないのはなぜなんだろう。	
		결혼했다. 그런데도 행복해지지 않는 것은 왜일까?	
☐ それに	게다가, 덧붙여, 더욱이	うちは古くて狭い。それに、周りもうるさくて住みにくい。	
		우리 집은 오래되고 좁다. 게다가 주변도 시끄러워서 살기 힘들다.	
☐ それにしては	그에 비하면	彼は東大を出たそうだが、それにしては頭が良くない。	
		그는 도쿄 대학을 나왔다고 하지만 그에 비하면 머리가 좋지 않다.	

☐ それにしても	그렇다 하더라도	それにしても、彼の行動は納得できません。 그렇다 하더라도 그의 행동은 납득할 수 없습니다.
☐ だが	그러나, 하지만, 그렇지만	彼に何回も連絡をした。だが、返事が来ない。 그에게 몇 번이나 연락을 했다. 하지만 답장이 오지 않는다.
☐ だから	그러니까, 그러므로	会議で大変だったそうだね。だからもっと勉強した方がいいと言ったじゃない。 회의에서 힘들었다면서. 그러니까 더 공부하는 편이 좋다고 했잖아.
☐ ただ(し)	다만, 단	留学生なら誰でもこの寮に入ることができます。ただし、4年生は除きます。 유학생이라면 누구든지 이 기숙사에 들어올 수 있습니다. 단, 4학년은 제외합니다.
☐ だって	하지만, 왜냐하면, 그게 말이지	A「よく食べるね。」 "잘 먹네." B「だって、おいしいんだもん。」 "그게 말이야, 맛있거든."
☐ ですから	그러니까, 그러므로	雨が降っています。ですから、散歩はやめましょう。 비가 내리고 있습니다. 그러니까 산책은 그만둡시다.
☐ ところが	그렇지만, 하지만, 그런데	忘年会にみんな来ると思った。ところが、参加者は3人だけだった。 망년회에 모두 올 거라고 생각했다. 그런데 참가자는 3명뿐이었다.
☐ ところで	그런데, 그건 그렇고	来月、名古屋に引っ越します。ところで、あなたの田舎はどこですか。 다음 달에 나고야로 이사합니다. 그런데 당신의 고향은 어디입니까?
☐ または	또는	参加申し込みはインターネット、または郵送でお願いします。 참가 신청은 인터넷 또는 우편으로 부탁합니다.
☐ もしくは	혹은, 또는	お問い合せは、メールもしくは電話でお願いします。 문의는 메일 혹은 전화로 부탁합니다.

색인

- ～間あいだ/～間あいだに ········ 34
- いくら ～ても・どんなに ～ても ········ 100
- ～以上いじょう ········ 34
- ～上うえで/～上うえでの ········ 35
- ～うちに/～ないうちに ········ 35
- お(ご) ～いただく ········ 187
- ～おかげで/～おかげだ ········ 36
- お(ご) ～(になって)ください ········ 183
- お(ご) ～する(いたす) ········ 186
- お(ご) ～できる ········ 187
- お(ご) ～です ········ 184
- お(ご) ～になる(なさる) ········ 183
- お(ご) ～願ねがう ········ 188
- お(ご) ～申もうし上あげる ········ 188
- ～がする ········ 100
- ～かどうか ········ 86
- ～かもしれない ········ 58
- ～からといって ········ 59
- ～から ～にかけて ········ 58
- ～がる/～がっている ········ 101
- ～代かわりに ········ 36
- ～くせに ········ 37
- ～くらい/～ぐらいだ ········ 87
- ～くらい～はない・～ほど～はない ········ 86
- ～こと ········ 128
- ～ことだ ········ 128
- ～ことで ········ 129
- ～ことなら ········ 129
- ～ことにする ········ 130
- ～ことになる ········ 130
- ～ことは～けど ········ 131
- ～ことはない ········ 132
- ～さ/～み ········ 101
- ～さえ・～でさえ ········ 87
- ～さえ～ば ········ 156
- ～(さ)せていただきたいんですが ········ 190
- ～(さ)せていただく ········ 189
- ～(さ)せていただけませんか ········ 191
- ～(さ)せてください/～(さ)せないでください ········ 173
- ～(さ)せてくださいませんか ········ 190
- ～(さ)せてくれる/～(さ)せてもらう ········ 174
- ～(さ)せてほしい/～(さ)せないでほしい ········ 174
- ～(さ)せてやる・～(さ)せてあげる ········ 175
- ～(さ)せられる (사역수동) ········ 172
- ～(さ)せる (사역) ········ 172
- ～しかない ········ 88

색인 245

- ☐ ～上じょう ·· 38
- ☐ ～ず(に) ··· 102
- ☐ ～せいで/～せいか ································· 38
- ☐ ～そうだ (추측, 양태) ································ 168
- ☐ ～そうだ (전문) ·· 102
- ☐ ～そうにもない/～そうもない/～そうにない ··· 170
- ☐ ～だけで(は)なく(て) ································ 88
- ☐ たとえ～ても ·· 103
- ☐ ～たばかりだ ·· 89
- ☐ ～たびに ··· 39
- ☐ ～ため(に) ··· 46
- ☐ ～たら (가정, 조건) ···································· 155
- ☐ ～たら・～と ·· 103
- ☐ ～たらおわりだ・～たらおしまいだ ······ 157
- ☐ ～だろうと思おもう/～かと思おもう ······ 59
- ☐ ～ついでに ·· 46
- ☐ ～って(～んだって) ···································· 104
- ☐ ～つもりで ·· 47
- ☐ ～つもりはない ·· 47
- ☐ ～づらい ··· 105
- ☐ ～で(は)ある/～で(は)ない ····················· 106
- ☐ ～てある (타동사의 상태 지속) ··············· 105
- ☐ ～ていく/～てくる ·································· 60

- ☐ ～ていただきたいんですが ····················· 192
- ☐ ～ていらっしゃる ···································· 184
- ☐ ～でいらっしゃる ···································· 185
- ☐ ～ておる/～ておらず ······························· 192
- ☐ ～てくださいませんか/～ていただけませんか ··· 185
- ☐ ～でござる/～ござる ······························· 193
- ☐ ～てちょうだい ··· 106
- ☐ ～てはいられない ····································· 60
- ☐ ～てばかりいる ··· 89
- ☐ ～てばかりはいられない ··························· 90
- ☐ ～てほしい/～ないでほしい ···················· 107
- ☐ ～でもある/～でもない ··························· 107
- ☐ ～てもかまわない/～なくてもかまわない ··· 61
- ☐ ～てもらえませんか/～てくれませんか ··· 61
- ☐ ～と (가정, 조건) ······································· 154
- ☐ ～という/～というような ······················· 62
- ☐ ～ということだ・～とのことだ ·············· 132
- ☐ ～というと・～といえば/～といったら ··· 158
- ☐ ～というのは ··· 62
- ☐ ～というものは/～ということは ············ 133
- ☐ ～といっても ··· 63
- ☐ ～と言いわれる/～ように言いわれる ···· 173
- ☐ ～とおり(に) ·· 48

246

☐ ～ところ	142	☐ ～にとって/～にとっても/～にとっては	77
☐ ～ところだ	142	☐ ～には	91
☐ ～どころではない	143	☐ ～に向むいている	78
☐ ～として/～としては/～としても	64	☐ ～によって・～により/～による	78
☐ (もし)～としても/(もし)～としたって	64	☐ ～によると・～によれば	158
☐ ～とは	90	☐ ～にわたって・～にわたり	79
☐ (동사의 ます형)+直なおす	65	☐ ～ねばならない	115
☐ ～ながら(も/に)	114	☐ ～のだ(～んだ)	115
☐ ～なく	114	☐ ～のではない(だろう)か	116
☐ ～なら	156	☐ ～ば	154
☐ ～なんか・～なんて・～など	91	☐ ～ば～ほど	159
☐ ～に代かわって・～に代かわり	72	☐ ～ばいい	160
☐ ～に関かんして/～に関かんしては/～に関かんしても	72	☐ ～ばかりで/～ばかりだ	92
☐ ～に比くらべて/～と比くらべて	73	☐ ～ばかりで(は)なく・～ばかりか	92
☐ ～に応こたえて	73	☐ ～はずがない	144
☐ ～にしたがって・～にしたがい	74	☐ ～はずだ	144
☐ ～にすぎない	74	☐ ～は別べつとして・～は別べつにして	48
☐ ～に対たいして/～に対たいしても/～に対たいしては	75	☐ ～はもちろん・～はもとより	116
☐ ～に違ちがいない	76	☐ ～反面はんめん	49
☐ ～について	76	☐ ～べきだ/～べきではない	117
☐ ～につれて	77	☐ ～ほか(に)	50
		☐ ～ほど/～ほどだ	93
		☐ ～まま(で)	50

- □ 〜みたいだ (추측) …………………… 169
- □ 〜も〜ば〜も …………………… 160
- □ 〜もの・〜もん …………………… 134
- □ 〜ものだ (〜하곤 했다, 정말 〜하고 싶다, 〜구나) …… 135
- □ 〜ものだ/〜ものではない …………………… 134
- □ 〜ようだ (추측) …………………… 168
- □ 〜(よ)うとする/〜(よ)うとしない …………… 118
- □ 〜ようなら(ば)・〜ようだったら ………… 161
- □ 〜ように …………………… 118
- □ 〜ように・みたいに/〜ような・〜みたいな … 120
- □ 〜ようにする …………………… 119
- □ 〜ようになる …………………… 119
- □ 〜らしい (추측) …………………… 170
- □ 〜らしい (〜답다) …………………… 120
- □ 〜(ら)れる (경어) …………………… 186
- □ 〜(ら)れる (수동) …………………… 171
- □ 〜わけがない …………………… 145
- □ 〜わけだ …………………… 146
- □ 〜わけではない …………………… 146
- □ 〜わけにはいかない …………………… 147
- □ 〜を中心ちゅうしんに(して) …………… 51
- □ 〜を通とおして/〜を通つうじて ………… 79
- □ 〜を前まえに(して) …………………… 51
- □ 〜(ん)じゃない(か)/〜のではない(か) ……… 121

PART 3 합격 공략 정답 확인

01 명사 활용 문형 1 001~010

체크 ▶ p.34

001	002	003	004	005
①	①	②	②	①
006	007	008	009	010
②	④	④	②	①

실전 연습 01 ▶ p.42

문제 1	[1] 1	[2] 2	[3] 3	[4] 2	[5] 4
	[6] 1	[7] 3	[8] 2		
문제 2	[9] 4	[10] 4	[11] 1	[12] 3	[13] 3
	[14] 2	[15] 2	[16] 1		
문제 3	[17] 2	[18] 1	[19] 3	[20] 4	[21] 2

02 명사 활용 문형 2 011~021

체크 ▶ p.46

011	012	013	014	015
①	②	①	①	③
016	017	018	019	020
②	①	②	②	①
021				
②				

실전 연습 02 ▶ p.54

문제 1	[1] 2	[2] 2	[3] 4	[4] 3	[5] 1
	[6] 2	[7] 4	[8] 3		
문제 2	[9] 1	[10] 2	[11] 3	[12] 1	[13] 2
	[14] 4	[15] 1	[16] 4		
문제 3	[17] 1	[18] 3	[19] 4	[20] 4	[21] 4

03 동사 활용 문형 1 022~035

체크 ▶ p.58

022	023	024	025	026
①	①	①	①	②
027	028	029	030	031
④	②	④	②	①
032	033	034	035	
③	②	①	②	

실전 연습 03 ▶ p.68

문제 1	[1] 3	[2] 2	[3] 3	[4] 1	[5] 1
	[6] 4	[7] 2	[8] 1		
문제 2	[9] 3	[10] 4	[11] 3	[12] 1	[13] 2
	[14] 1	[15] 1	[16] 4		
문제 3	[17] 2	[18] 1	[19] 4	[20] 2	[21] 1

04 동사 활용 문형 2 036~050

체크 ▶ p.72

036	037	038	039	040
①	②	②	②	②
041	042	043	044	045
②	②	①	④	④
046	047	048	049	050
①	②	④	③	①

실전 연습 04 ▶ p.82

문제 1	[1] 1	[2] 1	[3] 3	[4] 3	[5] 4
	[6] 1	[7] 2	[8] 4		
문제 2	[9] 4	[10] 2	[11] 1	[12] 4	[13] 3
	[14] 4	[15] 3	[16] 1		
문제 3	[17] 1	[18] 2	[19] 3	[20] 4	[21] 1

05 조사 활용 문형 051~065

체크 ▶ p.86

051	052	053	054	055
①	①	③	②	①
056	057	058	059	060
①	③	①	②	②
061	062	063	064	065
②	④	②	①	③

실전 연습 05 ▶ p.96

문제 1	1	4	2	4	3	3	4	2	5	1
	6	3	7	2	8	2				
문제 2	9	1	10	4	11	3	12	3	13	1
	14	2	15	2	16	1				
문제 3	17	3	18	3	19	1	20	3	21	2

07 기타 문형 2 081~094

체크 ▶ p.114

081	082	083	084	085
②	③	①	①	②
086	087	088	089	090
③	④	②	②	④
091	092	093	094	
①	②	①	①	

실전 연습 07 ▶ p.124

문제 1	1	4	2	3	3	1	4	3	5	2
	6	4	7	1	8	2				
문제 2	9	1	10	2	11	4	12	4	13	1
	14	3	15	3	16	1				
문제 3	17	2	18	2	19	4	20	2	21	1

06 기타 문형 1 066~080

체크 ▶ p.100

066	067	068	069	070
②	②	①	①	②
071	072	073	074	075
①	④	①	③	①
076	077	078	079	080
②	①	②	③	②

실전 연습 06 ▶ p.110

문제 1	1	2	2	3	3	4	4	1	5	2
	6	4	7	2	8	4				
문제 2	9	2	10	3	11	1	12	1	13	2
	14	4	15	3	16	4				
문제 3	17	4	18	1	19	3	20	3	21	3

08 こと・もの 활용 문형 095~107

체크 ▶ p.128

095	096	097	098	099
①	①	②	③	①
100	101	102	103	104
①	①	①	②	①
105	106	107		
①	④	①		

실전 연습 08 ▶ p.138

문제 1	1	1	2	3	3	1	4	2	5	4
	6	1	7	3	8	3				
문제 2	9	3	10	1	11	1	12	2	13	1
	14	3	15	4	16	1				
문제 3	17	3	18	1	19	2	20	3	21	4

09 ところ・はず・わけ 활용 문형 108~116

체크 ▶ p.142

108	109	110	111	112
①	①	①	②	③
113	114	115	116	
②	①	①	①	

실전 연습 09 ▶ p.150

문제 1	1 1	2 3	3 3	4 3	5 4
	6 4	7 2	8 3		
문제 2	9 2	10 3	11 3	12 4	13 1
	14 1	15 1	16 4		
문제 3	17 2	18 3	19 4	20 1	21 2

10 가정·조건 표현 117~128

체크 ▶ p.154

117	118	119	120	121
①	②	②	②	④
122	123	124	125	126
①	②	④	①	①
127	128			
③	①			

실전 연습 10 ▶ p.164

문제 1	1 2	2 2	3 3	4 1	5 4
	6 3	7 3	8 1		
문제 2	9 4	10 2	11 4	12 1	13 4
	14 3	15 4	16 1		
문제 3	17 2	18 3	19 4	20 1	21 1

11 추측·수동 / 사역·사역수동 표현 129~141

체크 ▶ p.168

129	130	131	132	133
①	①	②	②	①
134	135	136	137	138
②	②	②	①	①
139	140	141		
②	②	①		

실전 연습 11 ▶ p.178

문제 1	1 4	2 2	3 1	4 3	5 2
	6 2	7 3	8 2		
문제 2	9 1	10 3	11 1	12 4	13 4
	14 2	15 2	16 3		
문제 3	17 2	18 4	19 2	20 1	21 2

12 경어 표현 142~160

체크 ▶ p.182

142	143	144	145	146
①	①	①	①	①
147	148	149	150	151
②	①	②	①	④
152	153	154	155	156
③	②	④	①	①
157	158	159	160	
②	①	①	②	

실전 연습 12 ▶ p.196

문제 1	1 3	2 3	3 1	4 2	5 4
	6 2	7 1	8 1		
문제 2	9 3	10 1	11 2	12 4	13 3
	14 4	15 2	16 3		
문제 3	17 1	18 3	19 3	20 3	21 4

PART 4 실전 공략 　정답 확인

실전 공략 모의고사 01 ~ 03 정답

모의고사 01 ▶ p.202

문제 1	[1]	2	[2]	3	[3]	4	[4]	1	[5]	1	[6]	1	[7]	4	[8]	2
	[9]	4	[10]	3	[11]	2	[12]	3	[13]	1					
문제 2	[14]	3	[15]	1	[16]	4	[17]	4	[18]	2					
문제 3	[19]	1	[20]	3	[21]	2	[22]	3	[23]	3					

모의고사 02 ▶ p.208

문제 1	[1]	4	[2]	2	[3]	2	[4]	3	[5]	3	[6]	2	[7]	3	[8]	4
	[9]	1	[10]	2	[11]	3	[12]	4	[13]	3					
문제 2	[14]	3	[15]	1	[16]	4	[17]	2	[18]	1					
문제 3	[19]	3	[20]	2	[21]	1	[22]	4	[23]	2					

모의고사 03 ▶ p.214

문제 1	[1]	2	[2]	1	[3]	2	[4]	2	[5]	3	[6]	4	[7]	3	[8]	4
	[9]	3	[10]	3	[11]	2	[12]	4	[13]	1					
문제 2	[14]	1	[15]	1	[16]	4	[17]	1	[18]	1					
문제 3	[19]	3	[20]	2	[21]	2	[22]	4	[23]	4					

N3 문법 실전 공략 해답 용지

모의고사 01

問題 1

1	①	②	③	④
2	①	②	③	④
3	①	②	③	④
4	①	②	③	④
5	①	②	③	④
6	①	②	③	④
7	①	②	③	④
8	①	②	③	④
9	①	②	③	④
10	①	②	③	④
11	①	②	③	④
12	①	②	③	④
13	①	②	③	④

問題 2

14	①	②	③	④
15	①	②	③	④
16	①	②	③	④
17	①	②	③	④
18	①	②	③	④

問題 3

19	①	②	③	④
20	①	②	③	④
21	①	②	③	④
22	①	②	③	④
23	①	②	③	④

모의고사 02

問題 1

1	①	②	③	④
2	①	②	③	④
3	①	②	③	④
4	①	②	③	④
5	①	②	③	④
6	①	②	③	④
7	①	②	③	④
8	①	②	③	④
9	①	②	③	④
10	①	②	③	④
11	①	②	③	④
12	①	②	③	④
13	①	②	③	④

問題 2

14	①	②	③	④
15	①	②	③	④
16	①	②	③	④
17	①	②	③	④
18	①	②	③	④

問題 3

19	①	②	③	④
20	①	②	③	④
21	①	②	③	④
22	①	②	③	④
23	①	②	③	④

모의고사 03

問題 1

1	①	②	③	④
2	①	②	③	④
3	①	②	③	④
4	①	②	③	④
5	①	②	③	④
6	①	②	③	④
7	①	②	③	④
8	①	②	③	④
9	①	②	③	④
10	①	②	③	④
11	①	②	③	④
12	①	②	③	④
13	①	②	③	④

問題 2

14	①	②	③	④
15	①	②	③	④
16	①	②	③	④
17	①	②	③	④
18	①	②	③	④

問題 3

19	①	②	③	④
20	①	②	③	④
21	①	②	③	④
22	①	②	③	④
23	①	②	③	④

동양북스 채널에서 더 많은 도서 더 많은 이야기를 만나보세요!

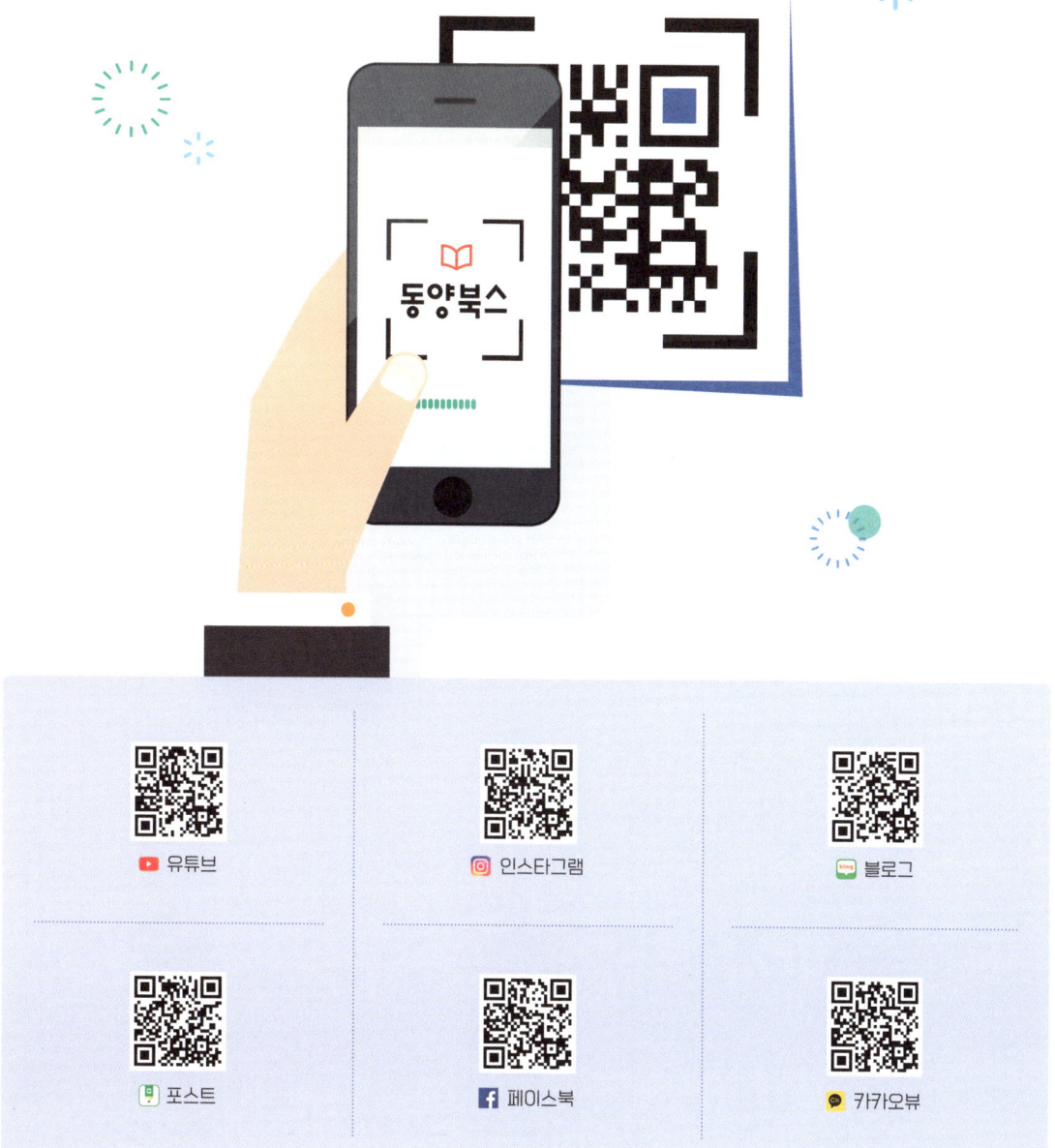

외국어 출판 45년의 신뢰
외국어 전문 출판 그룹
동양북스가 만드는 책은 다릅니다.

45년의 쉼 없는 노력과 도전으로 책 만들기에 최선을 다해온
동양북스는 오늘도 미래의 가치에 투자하고 있습니다.
대한민국의 내일을 생각하는 도전 정신과 믿음으로 최선을 다하겠습니다.